Rustikale Oberflächen

ECON Ratgeber
Hobby

Dora Heyenn

Keramik-Kursbuch 3

Rustikale Oberflächen

ETB
ECON Taschenbuch Verlag

Gewidmet meiner Tochter Hannah Blome

Im ECON Taschenbuch Verlag sind von Dora Heyenn bisher erschienen:
Daumendrucktechniken - Keramik-Kursbuch 1 (ETB 20215)
Dekorationstechniken - Keramik-Kursbuch 2 (ETB 20358)

CIP-Kurztitelaufnahme der Deutschen Bibliothek

Heyenn, Dora:
Keramik-Kursbuch 3. Rustikale Oberflächen / Dora Heyenn.
Orig.-Ausg. - Düsseldorf: ECON Taschenbuch Verlag, 1988.
(ETB 20236; ECON Ratgeber: Hobby)
ISBN 3-612-20236-7

Originalausgabe

Mai 1988
Umschlagentwurf: Ludwig Kaiser
Titelfoto: Dora Heyenn
Fotos: Uwe Amthor, Günther Heyenn, Dora Heyenn, Foto-Studio Baumann, Landesbildstelle Rheinland, Rosenthal Bilderdienst
Die Ratschläge in diesem Buch sind von Autor und Verlag sorgfältig erwogen und geprüft; dennoch kann eine Garantie nicht übernommen werden. Eine Haftung des Autors bzw. des Verlags und seiner Beauftragten für Personen-, Sach- und Vermögensschäden ist ausgeschlossen.
Satz: Dörlemann-Satz, Lemförde
Druck und Bindearbeiten: Ebner Ulm
Printed in Germany
ISBN 3-612-20236-7

Inhaltsverzeichnis

Einleitung

Alle Völker, die seßhaft wurden, formten ihre Gefäße für den täglichen Gebrauch und zur Vorratshaltung aus Ton.
Ton ist ein Verwitterungsprodukt aus Feldspat und hat die einzigartige Eigenschaft, daß die im feuchten Zustand verliehene Form den Trocknungsprozeß überdauert. Es ist reichlich in der Erdoberfläche vorhanden, leicht abzubauen und aufzubereiten und billig.
Stellte eine Sippe oder ein Volk sein Nomadentum ein und gründete eine Siedlung, war in allen Kulturen der gleiche Vorgang zu beobachten. Ton trat an die Stelle von bruchsicherem, schwerem und teurem Rohstoff wie Eisen oder Bronze. Gehärtet im Feuer können gut gebrannte Tonwaren Jahrtausende überdauern.
Die ältesten Keramiken, die bisher entdeckt wurden, datieren aus 6000 v. Chr. auf Zypern. Über Jahrhunderte waren die Tonwaren »Terrakotten«, d. h. gebrannte Erde. Die ersten glasierten Keramiken wurden in Ägypten gefunden und datieren um 3500 v. Chr. In der modernen europäischen Keramik des 20. Jahrhunderts ist die Glasur das dominante Stilmittel, um die Oberfläche eines Gefäßes zu gestalten und zu veredeln.
Im Keramik-Kursbuch 2, Dekorationstechniken, habe ich mich schwerpunktmäßig auf die Gestaltungsmittel Glasuren, Malerei sowie die klassischen Dekorationstechniken Positiv-, Nega-

tivrelief, Durchbrüche und Polieren konzentriert. Im vorliegenden Band werden weniger bekannte und seltener angewandte Techniken vorgestellt, die besonders geeignet sind, rustikale Oberflächen zu gestalten.

Oberflächengestaltung

Glasur	Malerei	Relieftechnik
Deckende Glasuren	Schlickermalerei	Negativrelief
Halbdeckende	Engobenmalerei	Positivrelief
Glasuren	Oxidmalerei	Durchbrüche
Durchsichtige	Glasurmalerei	Polieren
Glasuren	Inglasurmalerei	Facettieren
Mehrere Glasuren	Unterglasurmalerei	Gitarrensaitenschnitt
übereinander	Aufglasurmalerei	Spiraldrahtstrukturierung
Teilglasuren		Intarsien
- Wachsabdeckung		Marmorierung
- Seidenpapierab-		Fladerung
deckung		
- andere Ausspar-		Sgraffito
techniken		Inkrustierungen

Facettieren

Gegenstände, die facettiert werden sollen, müssen von vornherein dikker gearbeitet werden. Als Werkzeug benötigt man einen Käseschneider, einen Käsehobel oder eine breite Abdrehschlinge.
Im lederharten Zustand werden von dem Werkstück meist vertikal verlaufende große Flächen abgeschnitten.
Das erfordert einige Übung. Ein facettiertes Gefäß kann durch anschließendes Beklopfen seiner Oberfläche wieder »weicher« wirken.

Vase von Carol Strametz; gedreht und geschnitten, »facettiert« (Foto-Studio Baumann)

Dirk Heller: »Große Dose« salzgl. Steinzeug, Höhe 25,5 cm

Der besondere Reiz dieses Dekors liegt in seiner optischen Wirkung. Licht- und Schattenwirkung erzeugen eine angenehme, meist regelmäßige Aufteilung der Oberfläche. Daß diese Technik mit Vorliebe auf gedrehten Gefäßen angewendet wird, hat seinen Grund. Von einem runden Gefäß, dessen Oberfläche eckig ist, geht eine besondere Spannung aus.
Ihre historischen Wurzeln hat diese Technik in der japanischen Teekeramik. Sie wirkt um so rustikaler, je weniger »edel« glasiert wird.
Wird der Käseschneider nicht so sehr gezielt und exakt angesetzt, bekommt man die rustikale Oberfläche eines behauenen Steins.

Seite 12, 13, 14: »Facettieren 1–6«

Gitarrensaitenschnitt

Gitarrensaiten sind scharf und elastisch zugleich. Deshalb sind sie hervorragend geeignet, Tonflächen in überraschende Muster zu zerschneiden. Selbst bei hohem Druck reißt eine Gitarrensaite nicht leicht.
Um die Gitarrensaite sicher durch den Tonblock führen zu können, spannt man sie am besten statt des Sägeblattes straff in eine Säge ein.

»Gitarrenschnitt 1«

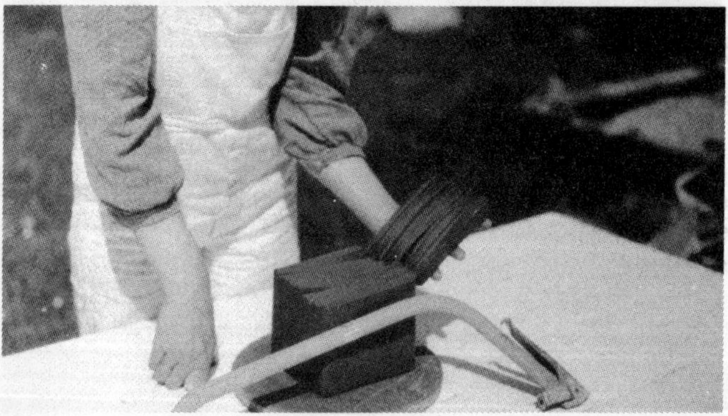

Linke und rechte Seite: »Gitarrenschnitt 2–6«

»Gitarrenschnitt 7«

Gebrauchsgegenstände

Einige Probefliesen ergeben auf diese Art spontane interessante Muster, so daß sie – wie sie sind – mit leichten Verformungen belassen werden können.
Flächen mit Gitarrensaitenschnitt eignen sich hervorragend für Gartenkeramik.

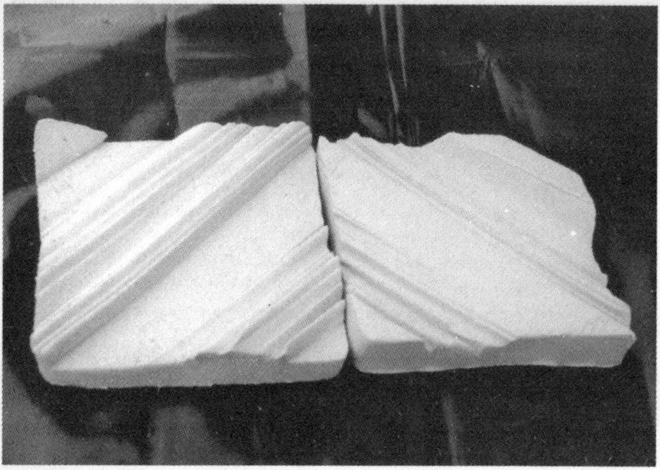

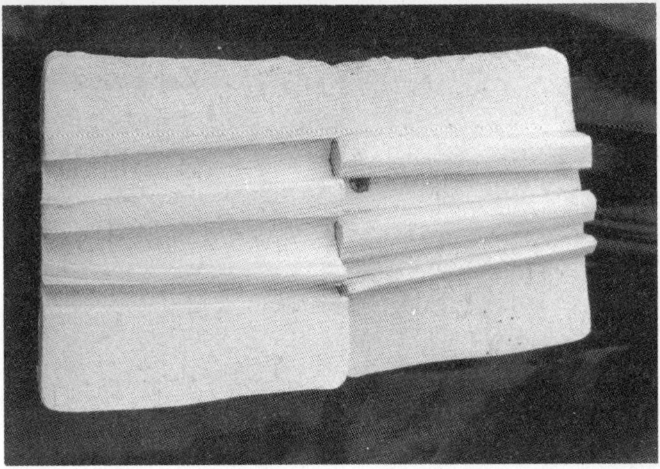

»Gitarrenschnitt 8«

Aufbau eines viereckigen Gefäßes aus großen Flächen

An diesem Beispiel soll nun erläutert werden, wie viereckige Gefäße aus großen Flächen wie im Kursbuch 2 beschrieben, (nicht aus 8 cm breiten Tonstreifen) zusammengesetzt werden. Zunächst müssen die geschnittenen Teile lederhart getrocknet sein. Bei den Wandungen muß darauf geachtet werden, daß die Ränder nirgends zu dünne Stellen aufweisen; das könnte zu Rissen führen.

Entweder muß noch einmal ein dickeres Stück hergestellt werden, oder vor dem Antrocknen muß der Rand breitgestrichen werden, ohne das Muster zu zerstören.
Bevor die lederharten Teile zusammengesetzt werden, wird Schlicker gemischt. Mit einer Zahnbürste streicht man Wasser auf die zu verbindenden Flächen; auf diese Weise wird gleichzeitig aufgerauht. Anschließend wird der Schlicker wie Kitt angedrückt, und die Seitenflächen werden, wie bereits im Keramik-Kursbuch 2 beschrieben, fest aufgedrückt. Auch bei dieser Methode muß die Wandung frei stehen können.
Danach wird sorgfältig Ton aus Boden und Wandung miteinander verstrichen.

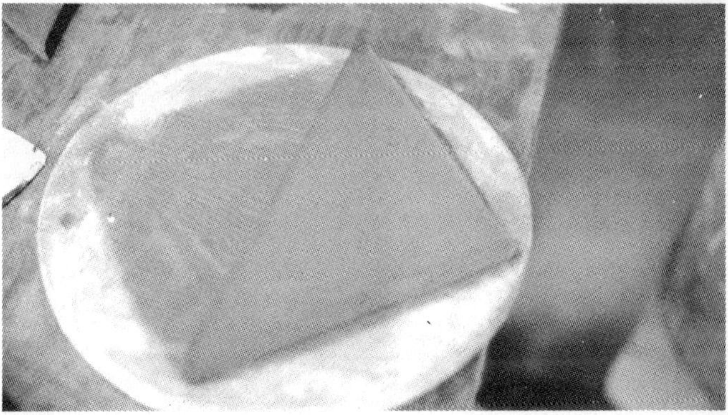

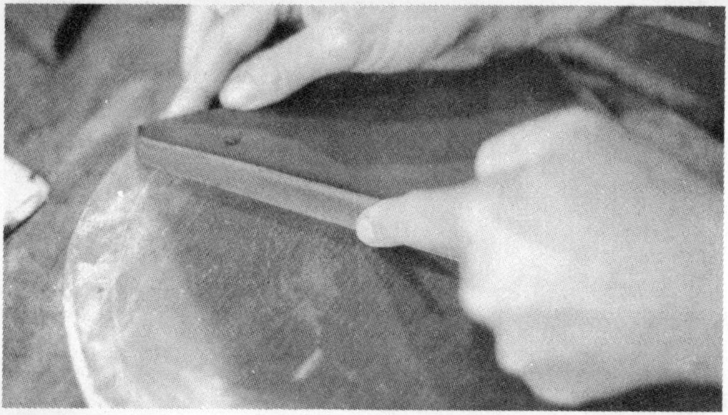

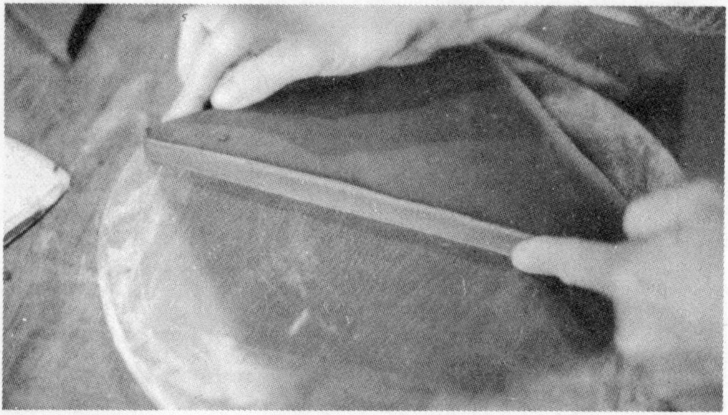

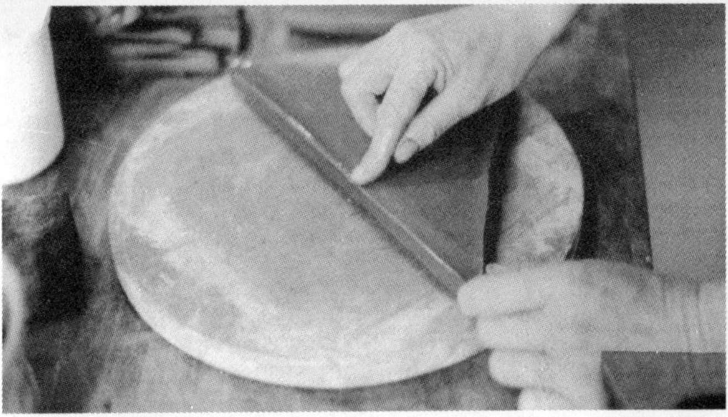

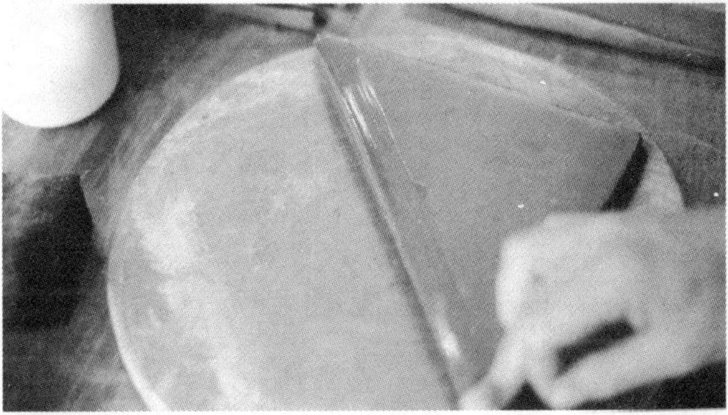

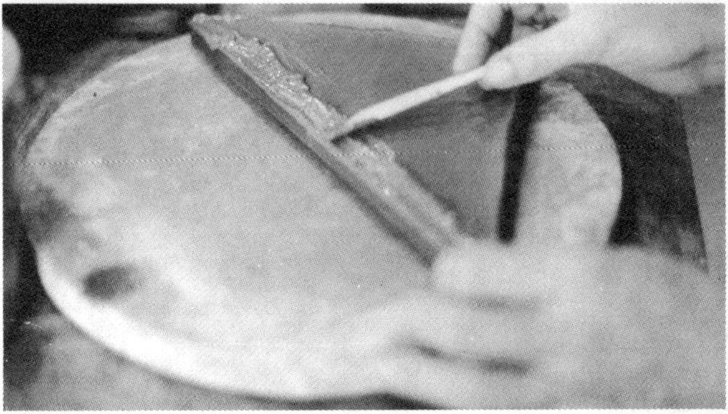

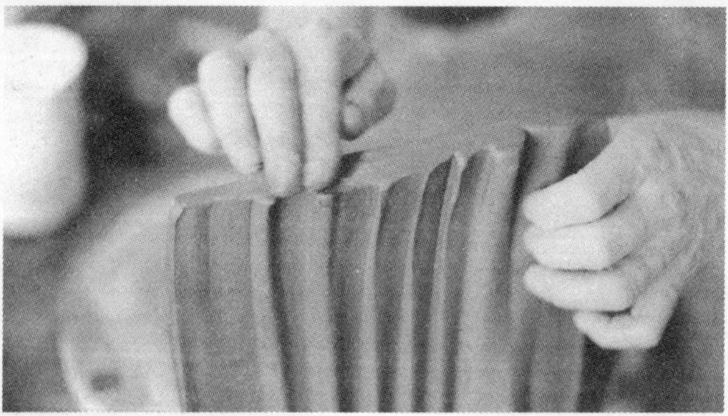

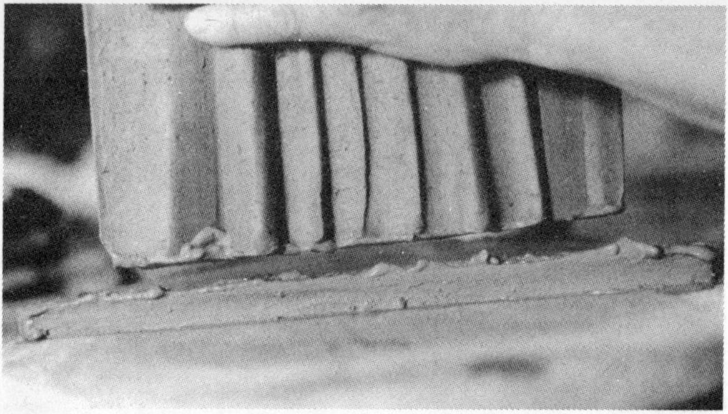

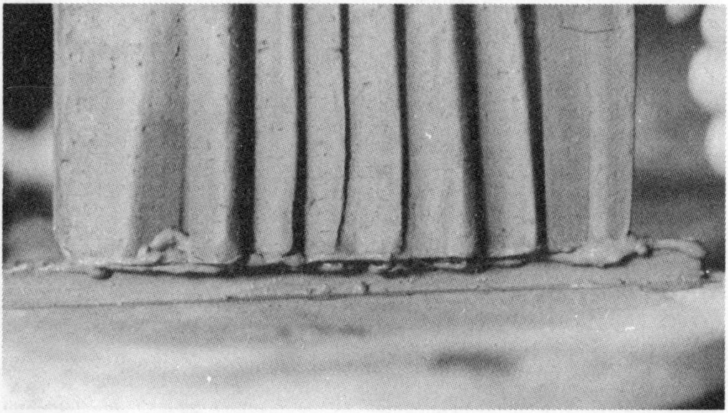

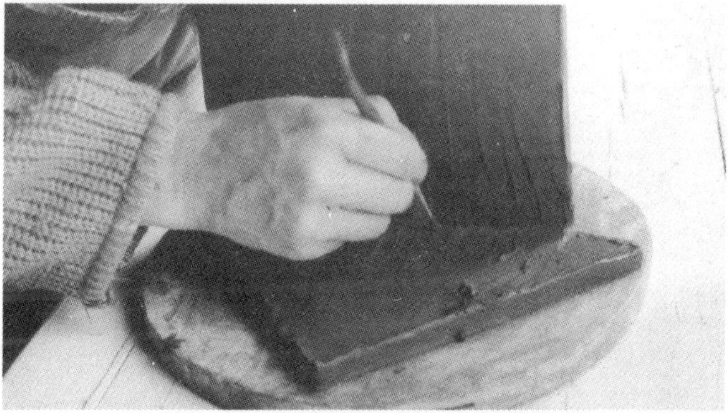

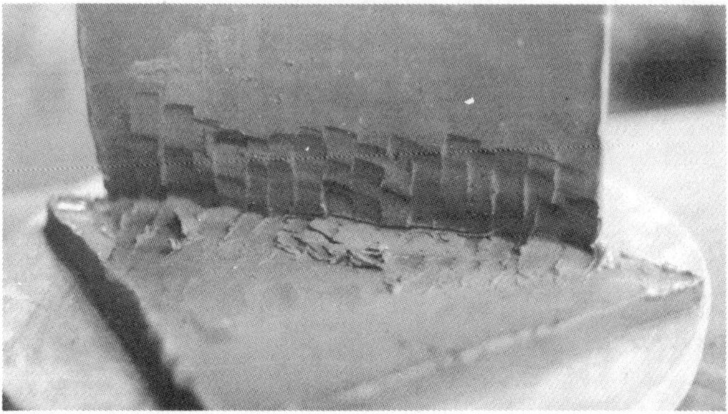

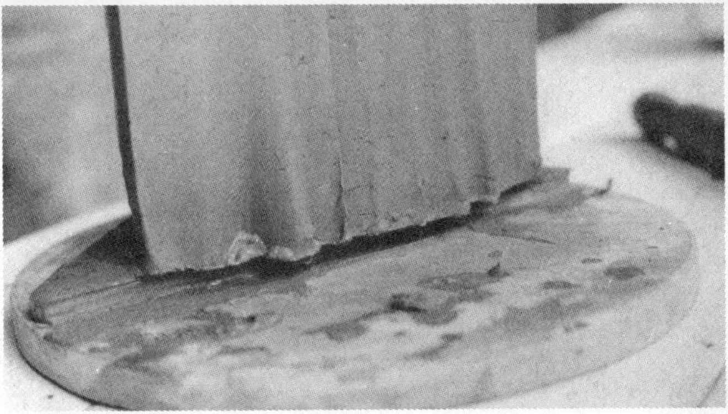

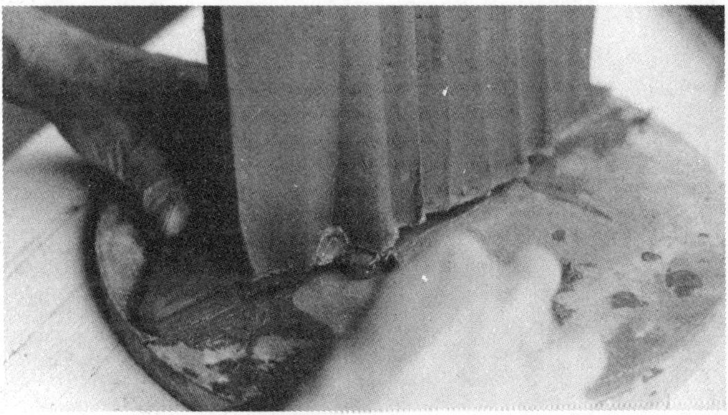

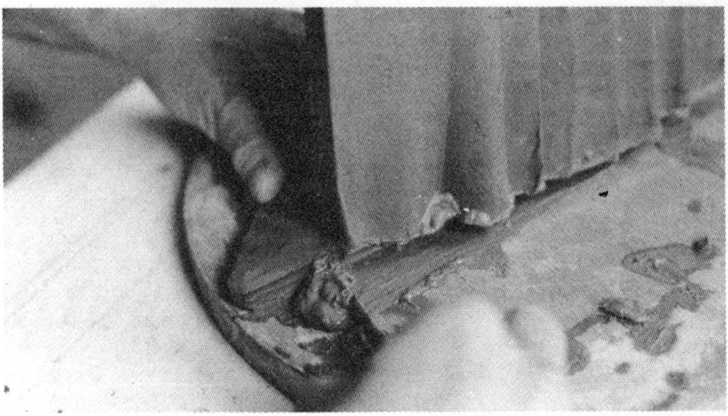

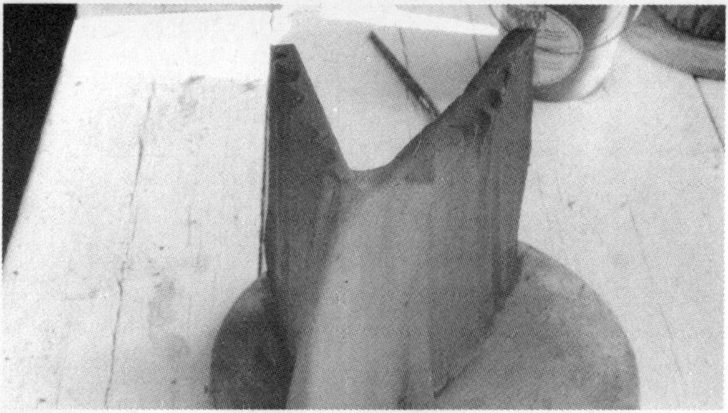

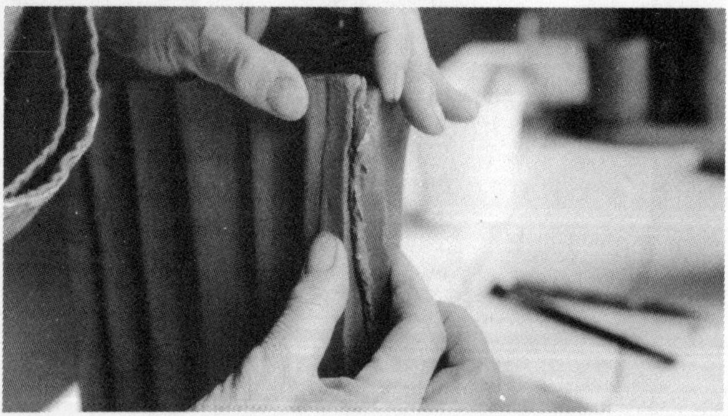

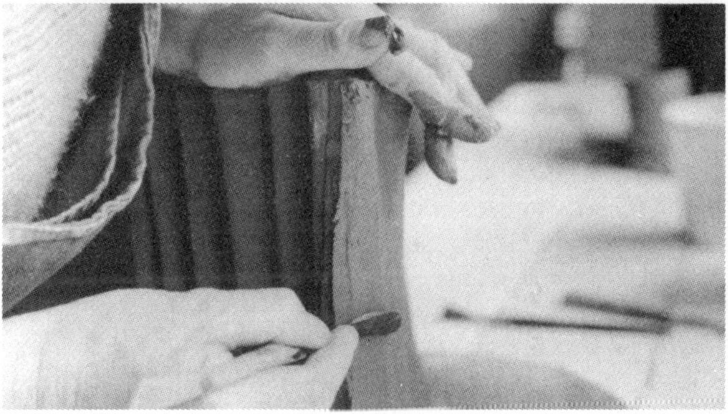

Der Vorteil dieser Methode ist, daß man von vornherein exakt in der Form arbeitet und nach der Fertigstellung nicht korrigieren muß. Deshalb verziehen so aufgebaute eckige Gefäße sich nicht so leicht.
Eine alte Töpferregel besagt nämlich: *»Ton ist nachtragend«.* Das bedeutet: Wenn über einen längeren Zeitraum in einer »schiefen« Form gearbeitet wurde, hilft eine abschließende Begradigung wenig. Die Form hat sich bereits in die Tonschichten eingeprägt; genauer gesagt in die Blattstruktur der Aluminium-Silizium-Sauerstoff-Verbindungen. Beim Brand zieht sich der Scherben dann wieder in die schiefe Ausgangsform zurück.
Ein weiterer Vorteil ist, daß beim Bauen mit angetrockneten Platten ihre Oberflächenstruktur nicht zerstört wird. Ein 3. Grund, der für dieses Vorgehen spricht - es ist schneller geschehen. Aber es setzt mehr Übung und Materialkenntnis voraus; andernfalls wird beim Arbeiten viel zerbrochen.
In Kursen, die einmal wöchentlich für ein paar Stunden stattfinden, empfiehlt es sich, die geschnittenen Flächen in dünne Plastikfolie zu verpacken und bis zum nächsten Mal ins Regal zu legen. Es gibt Plastikfolie, die nicht völlig luftdicht abschließt. Dadurch haben die Teile einer Pflanzschale zum Beispiel nach 1 Woche genau den richtigen Trocknungsgrad erreicht.
Man kann sich auch behelfen, indem man winzige Löcher in die Folie sticht. Auf jeden Fall benötigt ein sorgfältiges Zusammenbauen von Plattengefäßen Ruhe und Zeit. Nicht ohne Grund finden sich auf Hobbymärkten selten gutgearbeitete eckige Gefäße. Dafür ist Sorgfalt und nochmals Sorgfalt notwendig.

Gitarrensaitenschnitte können genausogut quer oder diagonal verlaufend genutzt werden. Auch zu ovalen, kreisförmigen und oben sich weitenden Formen paßt diese Oberflächengestaltung gut. Nur wer wie ich vorwiegend dreht, wird die Aufbautechnik gern für eckige Formen nutzen. Ausgehend von Probekacheln bieten sich einzelne Musterstücke als massive Deckel zu eher schlichten Dosen an.

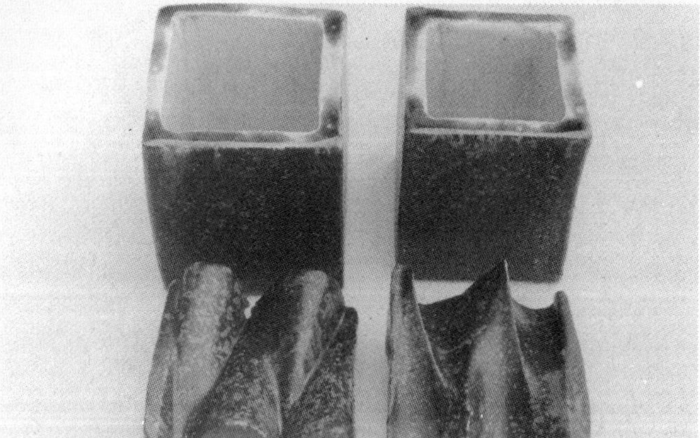

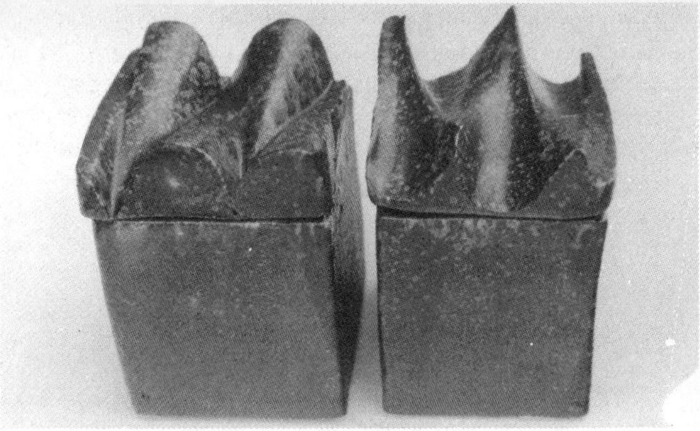

Auf großflächigen Gefäßen wirken sparsam angebrachte Gitarrensaitenschnitte »fernöstlich«.

Auf gedrehter Keramik macht sich diese Oberflächengestaltung, ebenfalls als partielles Positivrelief, am besten.
Vasen, die aus 2 Halbkugeln zusammengesetzt werden, erhalten durch ein zwischengesetztes Schnittband einen wirkungsvollen optischen Schwerpunkt.

Diese Wirkung kann durch andersfarbigen Ton noch verstärkt werden.

Wandgestaltungen

Beim Anblick der Probefliesen drängt sich der Gedanke an eine größere mosaikartig verbundene Wandgestaltung unter Ausnutzung der Positiv/Negativwirkung auf.
Die außerordentlich dekorative Methode des Gitarrensaitenschnitts fordert seine Anwendung zu bildhaften Kombinationen, zu Reliefs, geradezu heraus.
Große Flächen aus 2 verschiedenfarbigen Tonen eignen sich zur Wandverkleidung, innen wie außen. Eine rustikale Oberflächenwirkung wird hier wie auch schon in anderen Fällen durch Verzicht auf Glasuren erzielt. Verstärkt wird sie noch durch reduzierende Brennatmosphäre im Gas-, Öl- oder Holzofen.
Steht ausschließlich ein Elektroofen zur Verfügung, sollte man auf die Verwendung von weißem Ton verzichten oder ihn mit halbopaken matten Aschenglasuren überziehen.

Geschnittene Flächen aus 2 unterschiedlichen Massen bedürfen einer besonders intensiven Vorbereitung. Große Tonbatzen müssen kräftig und lange durchgeschlagen werden, und die Schwindung der beiden oder mehrerer Tone darf nicht zu stark differieren, sonst trennen die Flächen sich während des Trocken- oder Brennvorgangs wieder. Andererseits darf aber auch nicht so gut vorgearbeitet werden, daß statt 2 Farben optisch deutlich voneinander zu trennen *eine* neue Mischfarbe entsteht.

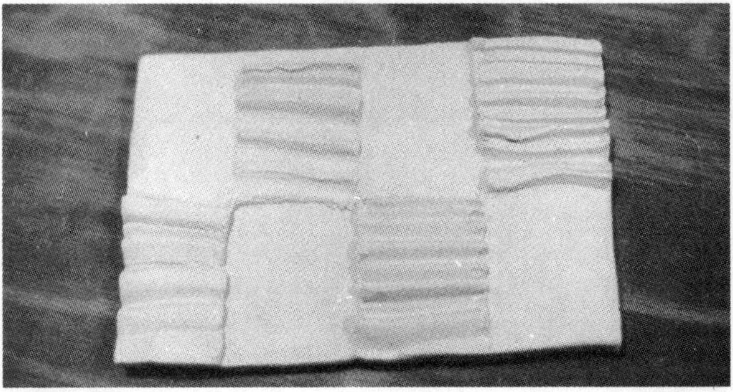

Wandrelief, Kurs Meierhof

Objekte

Grob schamottierte Massen können, massiv belassen, mit dem Gitarrensaitenschnitt in reizvolle Plastiken verwandelt werden.

»Objekte 1«

»Objekte 2«

Wettbewerb für »Zeitgenössische Keramik«, Offenburg

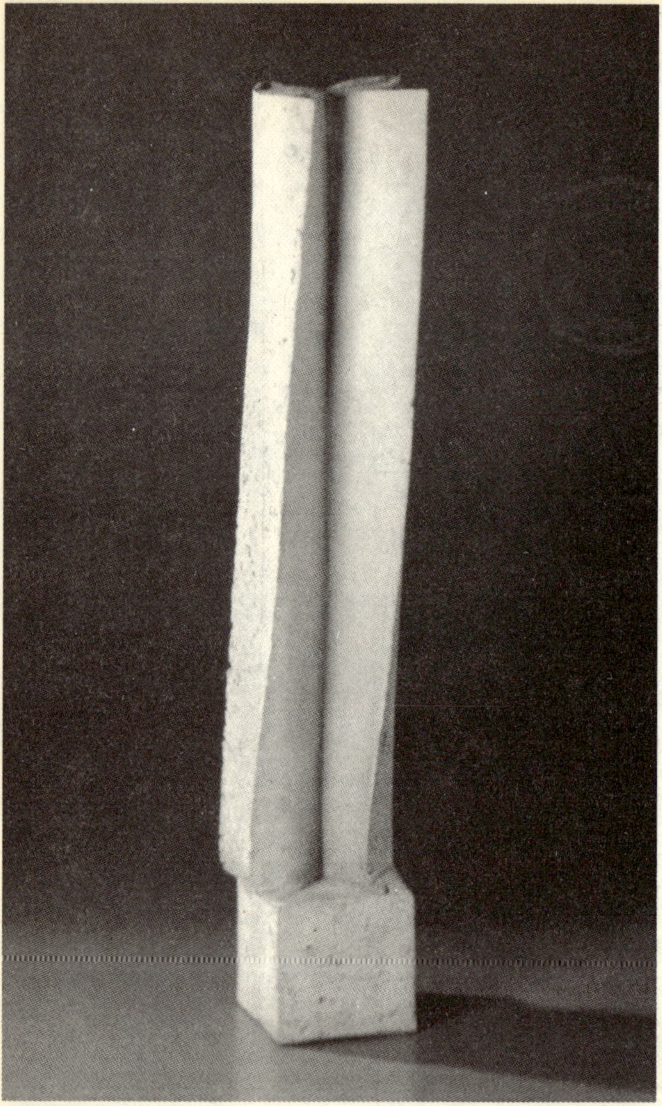

Michael Kramer, Stele »Paar«

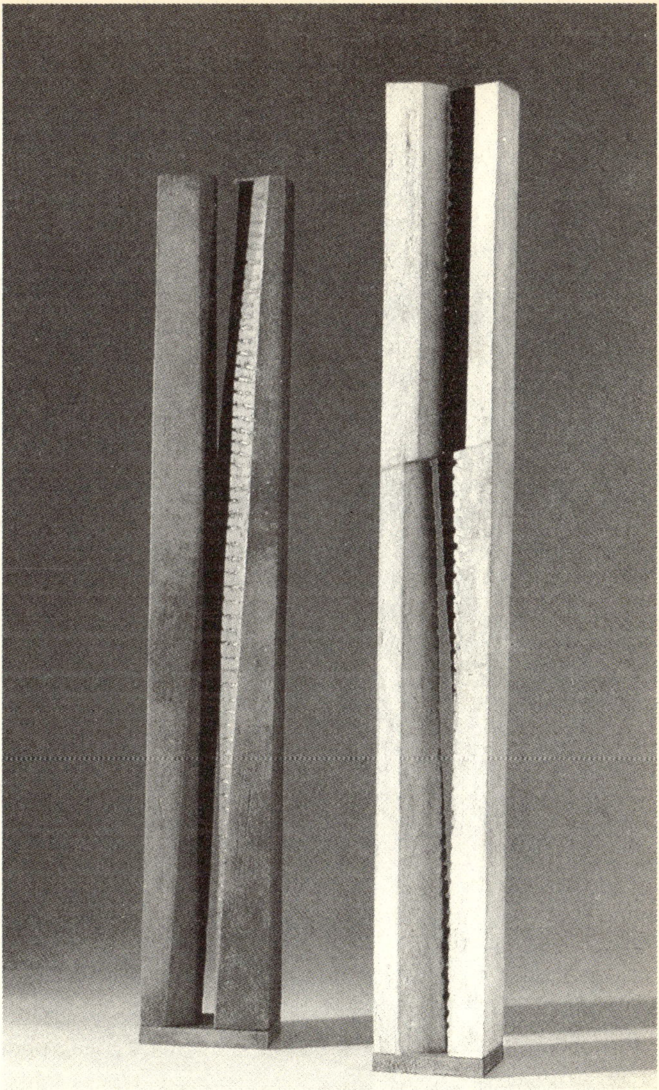

Preisträger Westerwaldpreis 1985
Harald Jegodzienski, »Transformation«

Spiraldrahtstrukturierung

Im Gegensatz zum Gitarrensaitenschnitt, der auf dem Gebiet der Keramik noch weitgehend unbekannt ist, findet sich bei einigen Künstlern von internationalem Ruf die durchaus ähnliche Spiraldrahtstrukturierung.
Neben dem Engländer Colin Pearson und dem Kanadier Louis Cosselin sind es vor allem Christa und Prof. Johannes Gebhardt von der Kieler Werkkunstschule, die diese Oberflächengestaltung meisterhaft beherrschen und sie gekonnt zur Akzentuierung ihrer Formen einsetzen.

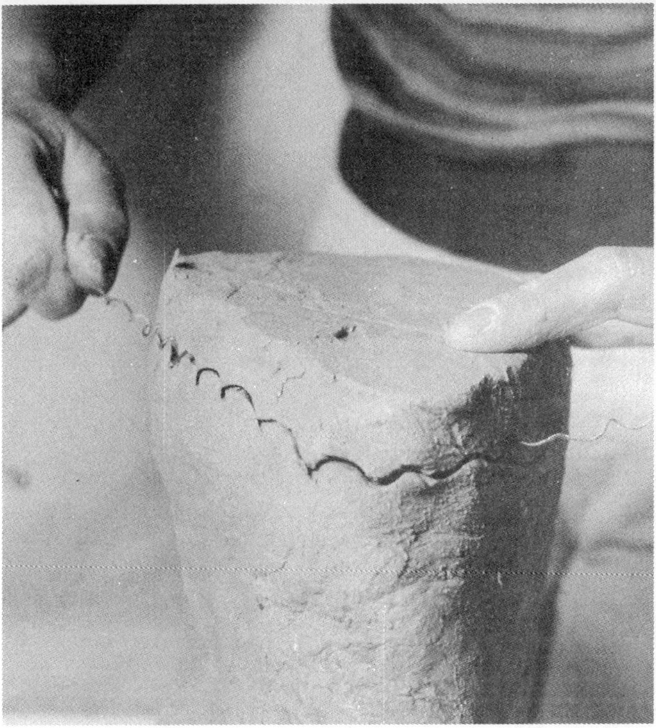

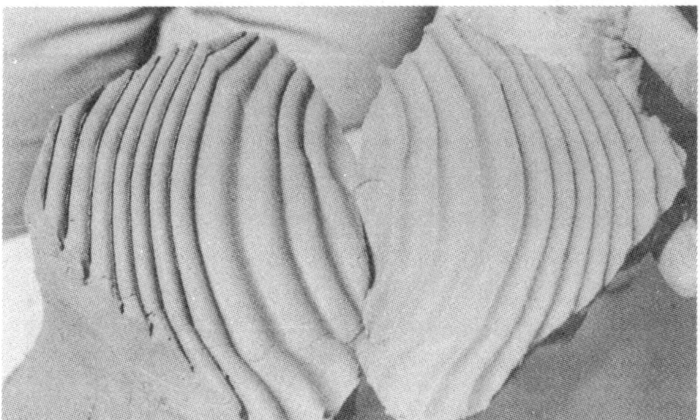

Colin Pearson, flache Schale, 1980, Porzellan, 28 cm Durchmesser

Metallspiralen unterschiedlicher Größe und Wicklung eignen sich hervorragend, um lebendige Oberflächen auf Keramikwerkstücken zu erzeugen. Durch einen massiven, gut durchgeschlagenen Tonbatzen wird die straff gespannte Spirale gezogen. Dabei kann der Spiraldraht zwischen den Händen gehalten oder in einen Metallbügel eingespannt werden.
Je nachdem, wie die Metallspirale durch den Ton gezogen wird, erscheinen unterschiedliche Muster. Besonders dekorative Oberflächen können erzielt werden, indem man die Spirale an einigen Stellen eng zusammendrückt, an anderen dagegen weit auseinanderzieht.

Die Ergebnisse sind immer typische Spiraldrahtstrukturierungen, auch wenn der Zufall mehr oder weniger seine Hände im Spiel hat. Genaue Wiederholungen sind nicht möglich.

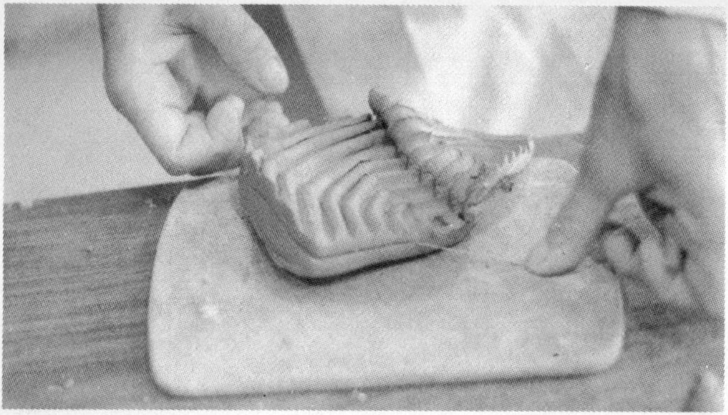

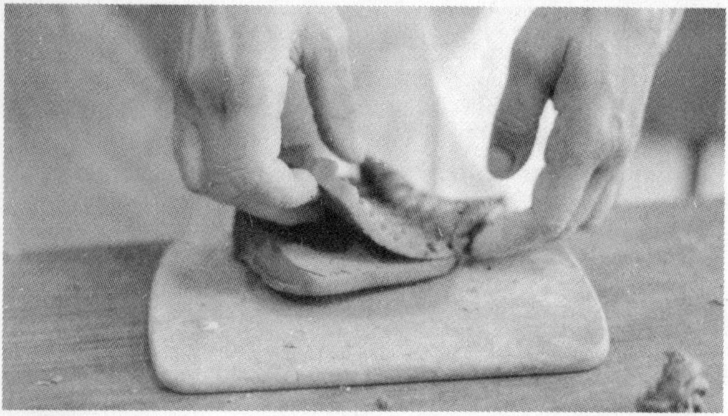

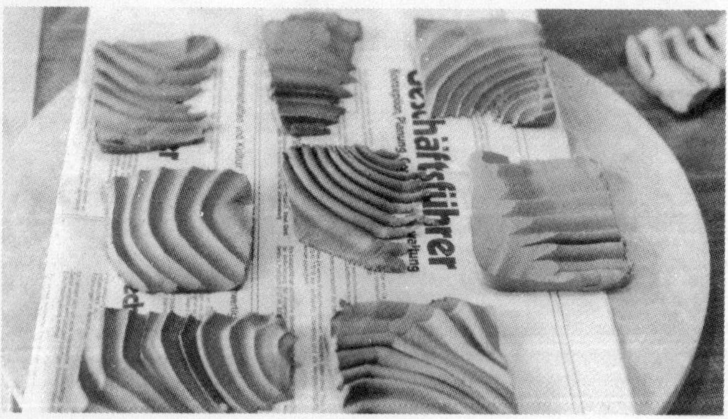

Wandgestaltung, Kurs Meierhof

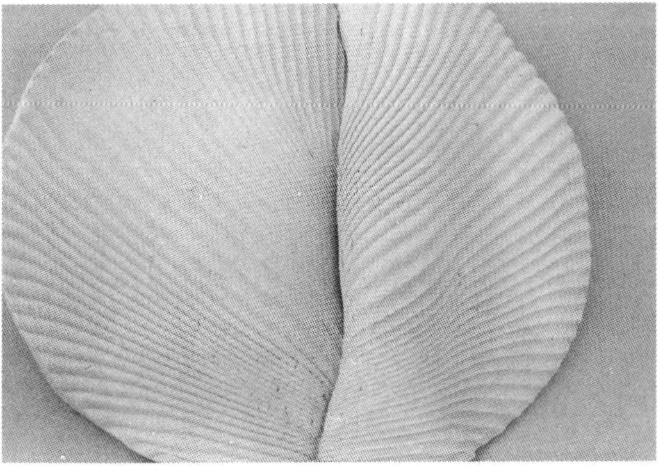

Objekt, Kurs Meierhof

Diese Technik kann für kunstvolle Gebrauchskeramik, Reliefs, Objekte oder Fliesen eingesetzt werden. Mit Kindern im Alter zwischen 3 und 7 Jahren habe ich per Spiraldraht Dächer von Häusern strukturiert.

Was unter der Überschrift »Gitarrensaitenschnitt« ausgeführt wurde, kann ohne Einschränkung auf die Spiraldrahtstrukturierung übertragen werden. Nur diese Muster eignen sich noch besser zur Verbindung von Positiv und Negativ.

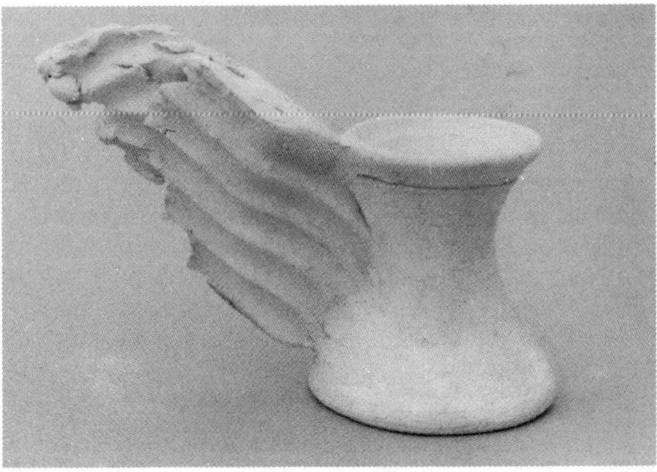

Kerzenständer

Johan van Loon (Niederlande), Geschenk-Serie in Keramik

Die Spiraldraht- und die Gitarrensaitenschnitt-Technik bergen eine große Gefahr in sich. Da diese Oberflächengestaltungen sehr schnell »was herzeigen«, könnte man leicht in Massenproduktion oder Effekthascherei verfallen. Ein Vorwurf, der Hobbytöpfer immer wieder trifft. Auch kunstgewerbliche Keramik hat häufig diesen Beigeschmack.
Deshalb sollte Selbstdisziplin geübt werden. In Töpferkursen ist es die Aufgabe der Kursleiter, solche Tendenzen im Keim zu ersticken. Es ist gut, vieles auszuprobieren und unterschiedliche Formen mit diesen Techniken herzustellen, aber alles sollte mit der Frage nach dem eigenen Anspruch korreliert werden. Die innere Gliederung dieser Dekore bietet Kursleitern und Allein-Töpfernden eine brauchbare Anleitung, auch unter Beachtung eines steigenden Schwierigkeitsgrades.

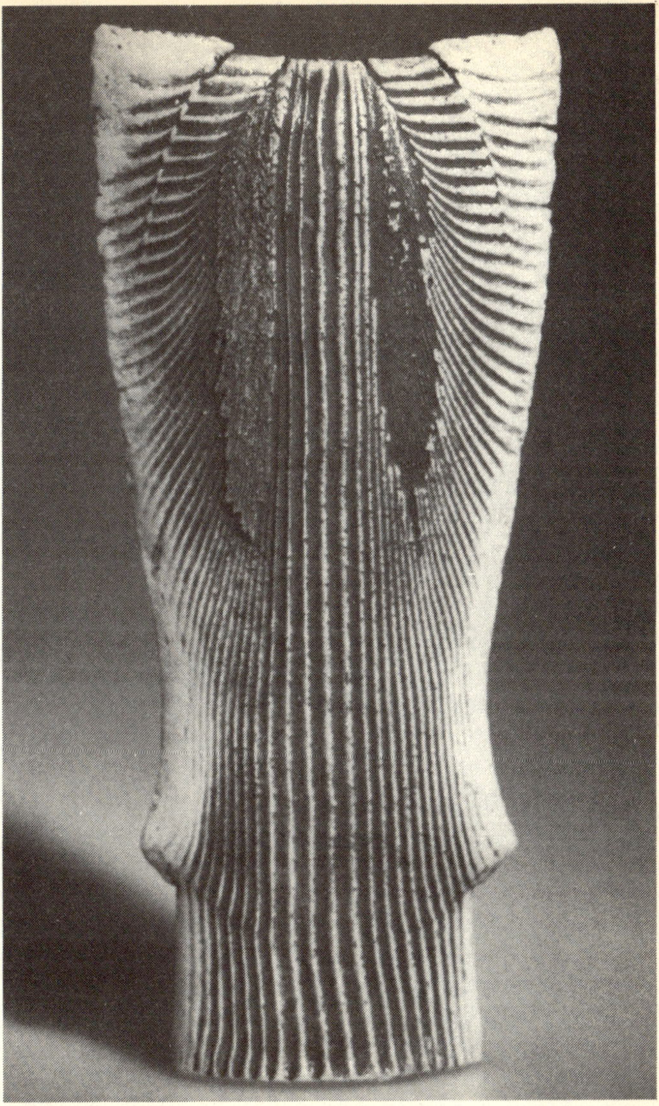

Objekt Christa Gebhardt

Intarsien

Einlegen

Muster, die bündig mit der Oberfläche abschließen, ergeben Intarsienmuster. Klar gegliederte, feinlinige und geometrische Intarsien können durch Ausfüllen von zuvor ausgehobenen Rillen hergestellt werden.
Am Beispiel einer Vase aus 2 Kugelhälften, die aufrecht zusammengearbeitet sind, soll diese Technik erläutert werden.
Zunächst werden 2 große runde Tonfladen ausgerollt. Die Stärke von 2 cm sollte nicht überschritten werden. Dann werden sie über einen Ball gelegt, der mit einem Perlonstrumpf überzogen wurde. Damit sich die Tonschicht faltenfrei der Form des Balls anpassen kann, müssen Dreiecke herausgeschnitten und die Schnittflächen wieder gut miteinander verbunden werden. Danach wird ein Rand sauber abgetrennt.
Die so hergestellten, gegen den Innendruck des Balls gut durchmassierten und an den Rändern verdickten Formen läßt man lederhart trocknen, indem sie auf der Unterlage liegenbleiben. Deshalb arbeitet es sich mit 2 gleich großen Bällen schneller und leichter. Die Tonformen müssen allerdings locker aufliegen, weil sie sonst, bedingt durch die Schwindung beim Trocknen, reißen. Die beiden Halbkugeln, die sich auf Fingerdruck nicht mehr verbiegen dürfen, werden, wie bereits oben ausführlich beschrieben (s. S. 24ff.), zusammengearbeitet – nämlich mit Zahnbürste, Wasser und Schlicker. Dabei müssen beide Teile sehr kräftig zusammengedrückt werden.

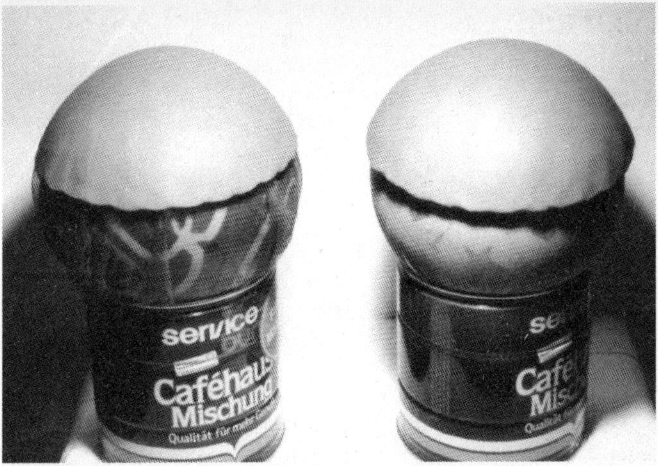

Sind Ton und Schlicker gut miteinander verstrichen, wird der Fuß angearbeitet und auch die Öffnung eingeschnitten.

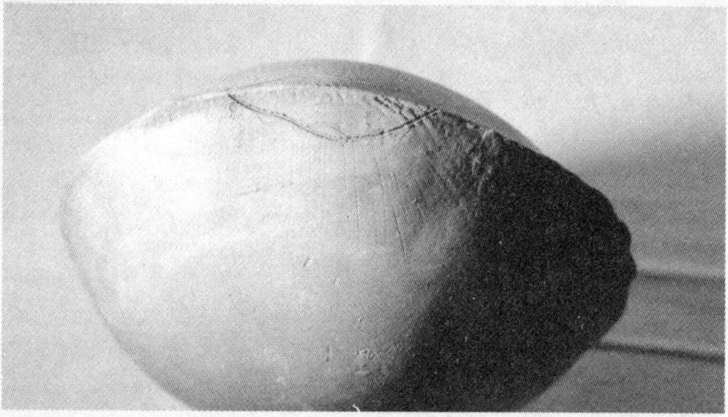

Das beabsichtigte Muster wird zunächst auf die Oberfläche »skizziert«, dann werden mit einer scharfkantigen Metallschlinge saubere Vertiefungen geschnitten. Je tiefer der andersfarbige Ton eingelegt wird, desto besser hält er auch bei unterschiedlicher Schwindung. Der besseren Haftung wegen pinselt man die vertieften Linien mit Wasser aus. Auch die Tonwülste, die eingelegt werden sollen, wässert man zweckmäßigerweise zuvor.

Mit starkem Druck werden die Intarsien eingearbeitet. Dabei wird das Muster zunächst »unsauber«. Vorrang hat jedoch erst einmal, daß der kontrastfarbene Ton auch hält und nicht schon beim Trocknen wieder abblättert.

Ist die Oberfläche getrocknet, wird mit einer Metallschlinge oder Rasierklinge eine Schicht von wenigen Millimetern abgezogen. Augenblicklich kommen die Intarsien sauber zum Vorschein.

Bei dieser Vase korrespondiert der »ausgefranste« Rand mit dem Intarsienmuster. Jede Form und jede Aufbautechnik verträgt Einlegearbeiten. Das hier vorgestellte Stück ist nur ein Beispiel aus einer unendlichen Zahl von Möglichkeiten.
In gedrehte Gefäße können auf diese Art ebenfalls Intarsien eingearbeitet werden. Der Keramik wird in lederhartem Zustand mit schneller, gegen die Drehbewegung gerichteter Handführung eine Spirale in die Oberfläche geritzt.* Statt einer Nadel, wie beim Ritzdekor abgebildet, wird eine Schlinge angesetzt. Danach wird wie bei aufgebauten Gefäßen der andersfarbige Ton eingelegt. Nach dem Antrocknen wird abgedreht.

---

* s. Keramik-Kursbuch 2, Seite 91

Lampenfüße aus rotbrennendem Ton mit Intarsien aus schwarzem Ton

Ausgesprochen farbenfroh, aber eher elegant, wirken Intarsien mit grellfarbigen Massen, die selbst hergestellt, aber auch gekauft werden können.
Viele Keramiker, die mit Porzellan arbeiten, benutzen zur Abstützung Formen aus Gips oder anderem Material. Schüsseln aus Plastik, die sich nach oben öffnen, können ebenfalls verwendet werden. Die Massen werden Schicht für Schicht in der Stützform aufeinandergearbeitet. Nach dem Trocknen läßt sich die gesamte Form mühelos herausnehmen, weil der Ton schwindet. Abschließend muß noch die Feinarbeit erledigt werden.

Einrollen

Schneller und einfacher erhält man Intarsien, wenn man andersfarbige Massen in den weichen Ton einrollt. Das geht allerdings auf Kosten der Genauigkeit, denn exakte geometrische Muster sind damit nicht zu erzielen. Für gedrehte Keramik sollte man diese Methode nicht anwenden.

Das Prinzip ist sehr einfach. Auf eine Tonplatte werden kleine Teile andersfarbigen Materials aufgelegt und sorgfältig eingerollt. Damit die Muster nicht »verschmieren«, legt man am besten eine saubere Zeitung oder ein Tuch darüber. Mit der Kuchenrolle muß dann kräftig gedrückt werden, damit die aufgelegten Tonteilchen sozusagen in die Grundfläche versinken. Jedesmal hat der Zufall seine Hand im Spiel. Das macht jedes Ergebnis von neuem zur Überraschung. Die Grenzlinien erhalten weiche, wellige Konturen, die Assoziationen an die Malerei wecken.

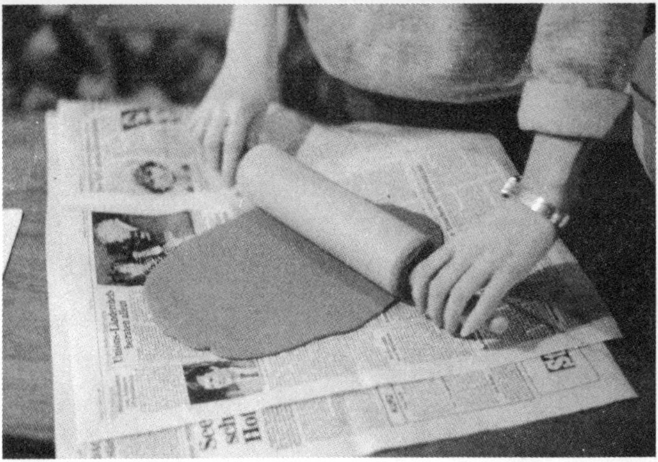

Ein Tonfladen wird auf Zeitungspapier ausgerollt

Viele verschiedenfarbige Tonkügelchen werden geformt . . .

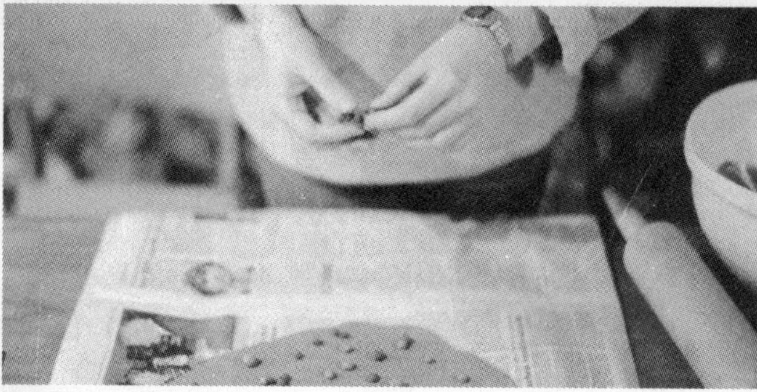

... und wahllos oder planvoll daraufgestreut

Ein Stück Zeitungspapier wird plan daraufgelegt ...

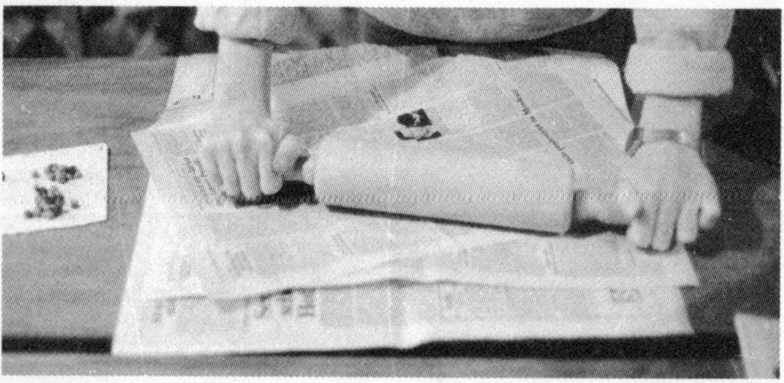

... und mit der Kuchenrolle werden mit viel Druck die Tonkugeln »eingerollt«

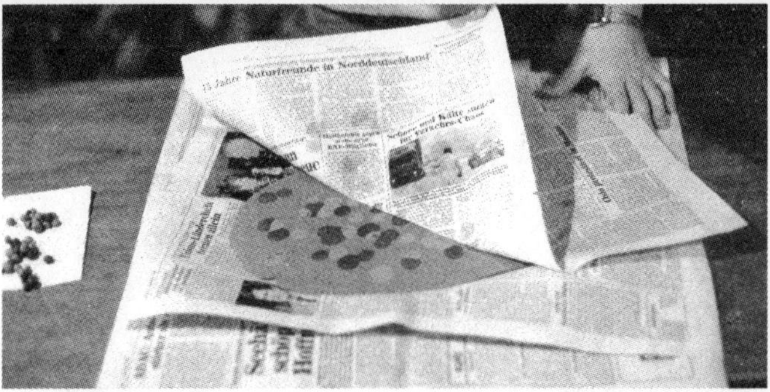

Dann wird das Zeitungspapier entfernt . . .

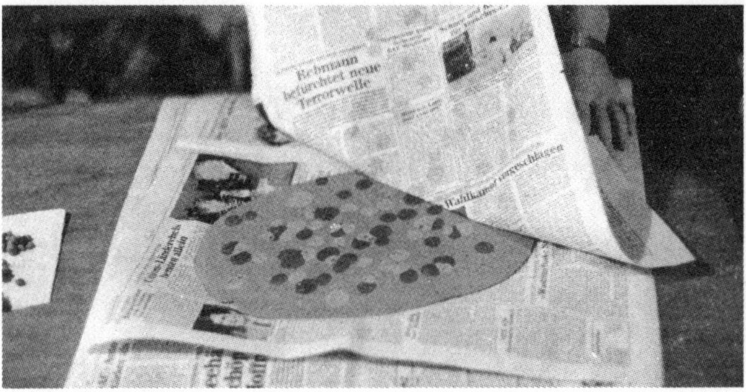

. . . und das Kugelmuster tritt zutage

Flächen, die so dekoriert wurden, können anschließend auch verformt werden.

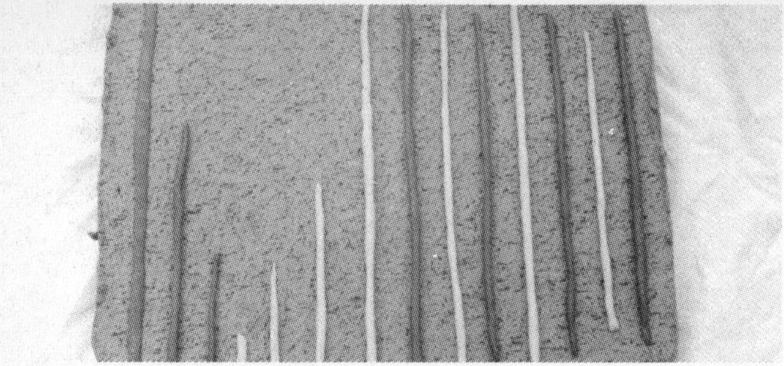

Auf grob schamottiertem Ton werden Wülste aus schwarzem, fein schamottiertem Ton und weißem Porzellan aufgelegt

Danach wird ein Stück Stoff mit dezenter, regelmäßiger Struktur plan darübergelegt

Die Wülste werden kräftig eingerollt

Das Einrollmuster und der Textilabdruck treten zutage

Aus 4 Flächen und einer Bodenplatte wird, wie auf Seite 24ff. beschrieben, ein viereckiger Kasten gebaut

Abschließend werden die »Arbeitsspuren« beseitigt. Mit einer scharfen Metallschlinge wird etwa 1 mm der Oberfläche abgeraspelt, und das Muster kommt klar und sauber zum Vorschein.

In der Regel werden Gebrauchskeramiken mit Einrolltechnik farbig oder farblos transparent glasiert. Selbst so unterschiedliche Materialien wie grob schamottierter Ton und Porzellan können miteinander verarbeitet werden und entfalten ein spannungsreiches Oberflächendekor. Unglasierte, mit Negativabdrücken von Doldenblütlern und Textilien kombinierte Keramiken stellt die in Finnland lebende Künstlerin Francesca Lindh schon seit Jahren her. Ihre Schalen und vegetativen Gebilde, die hoch gebrannt sind, haben eine gut ausgereifte rustikale Wirkung.

Die Einrolltechnik eignet sich im Hausgebrauch für Keramikschilder. Sie gewährleisten eine gute Lesbarkeit, was nicht von allen Namens- und Türschildern aus Ton gesagt werden kann. Außerdem ist diese Variante der Intarsienarbeit gut für Schalen und Lampenschirme anzuwenden, die über dem Ball gearbeitet werden. Bei Schüsseln wird das Einrollmuster innen und bei Lampenschirmen außen angebracht.

Schale von Gerda Kastner, in Einrolltechnik, über dem Ball gearbeitet

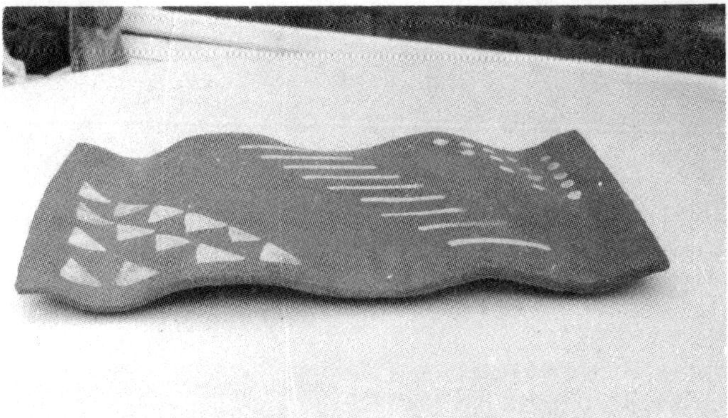

»Schale« aus rotem, grob schamottiertem Ton mit eingerolltem Muster aus weißem Ton, Kurs Meierhof

Viereckige Vase aus schwarzem Ton mit eingerolltem Spiralmuster aus weißen Tonwülsten, Dora Heyenn

Einklopfen

Im Effekt den eingerollten sehr ähnlich sind Intarsien, die in feuchte Oberflächen bereits fertiggestellter Formen eingeklopft werden.

Mit anderen Dekors kombiniert erhalten diese eine größere Tiefenwirkung.

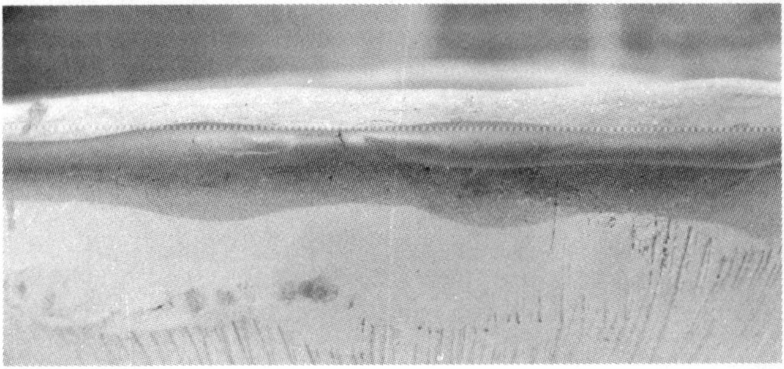

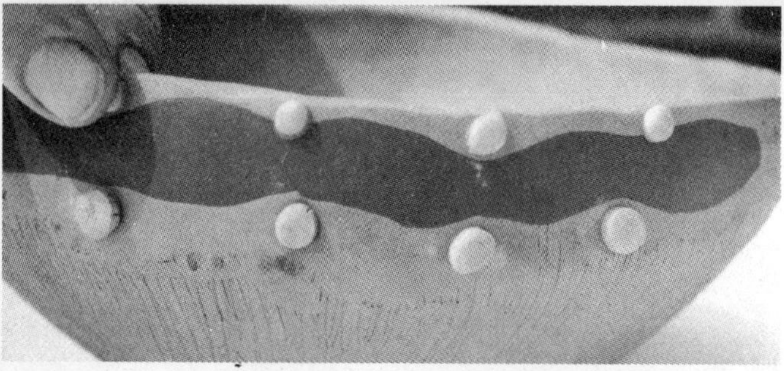

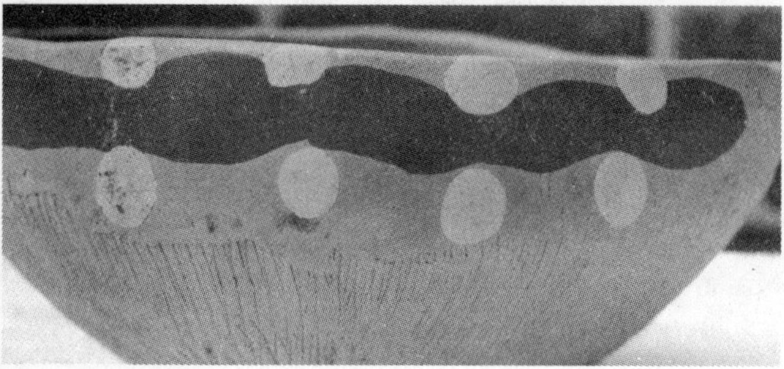

Beim Einklopfen des Musters in den Scherben muß mit einer Hand gegengedrückt werden - es sei denn, man beabsichtigt gleichzeitig eine Verformung des Werkstücks.

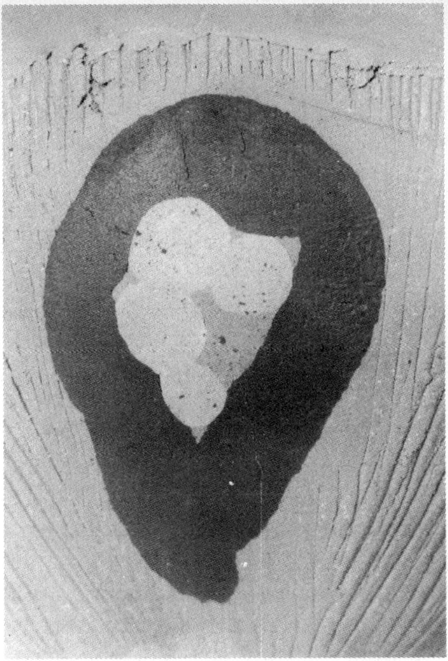

Eindrehen

Einzelne, gut abgegrenzte Kontrastlinien während des Formens auf der Drehscheibe einzudrehen, erfordert große Sicherheit – sowohl im Umgang mit dem Material als auch in den handwerklichen Grundfertigkeiten.
Es gibt einige Künstler, die eingedrehte Strukturen immer wieder gern als Stilmittel einsetzen. Die Düsseldorfer Keramikerin Margrit Westphal beherrscht diese Intarsientechnik gekonnt. Wie in einer ganz persönlichen Handschrift kontrastiert sie ein majestätisch kühles Blau in ein mattes Weiß ihrer klassischen Formen. Bernd Hakenjos vom Hetjens-Museum in Düsseldorf hat in einer Ausstellungsbroschüre diesen technischen Ablauf hervorragend in Worte umgesetzt: »Der auf der Scheibe zentrierte Tonkloß wird ein- oder zweifach vertikal eingekerbt und die Kerbe dann mit kobaltblau eingefärbtem Ton ausgefüllt. Beim weiteren Aufdrehen der Gefäße ziehen sich diese Farbeinlagen zu unberechenbaren Schlieren aus, die der Drehung der Scheibe folgend spiralig die Gefäßwandung umlaufen. Die farbstarke graphische Gliederung entsteht aus dem Rotationsprinzip und gibt in Sprüngen und Wellen die bei der Handarbeit unvermeidlichen Unregelmäßigkeiten in Druck und Ansatzwinkel optisch wieder. Übrigens liegt es an der jeweiligen Beschaffenheit des verwendeten Materials, wie sich die mehr oder weniger zufällige Äderung darstellt. Einlagen aus hartem, dichtem Material führen zu geschlossenen Spiralen, die Verarbeitung von weicherem Ton hat die Auflösung der harten Linie in wolkige Strukturen zur Folge. Zwar nicht vollends steuerbar, ist der Verlauf der Adern durch einen Kunstgriff doch ein wenig zu beeinflussen: Setzt man neben eine senkrechte Intarsienkerbe eine zweite mit diagonaler Neigung, so entwickeln sich daraus beim Drehen zwei unterschiedliche Linien, die im Rhythmus und im Verhältnis zueinander optisch der Struktur einer musikalischen Kunstform entsprechen. Wie bei der Fuge verläuft die eine Linie als Dominante ziemlich regelmäßig, fast geradlinig, während sich die andere in paraphrasierendem Rhythmus in kurzem Wechsel annähert und wieder entfernt, sozusagen das Leitmotiv umspielt.«

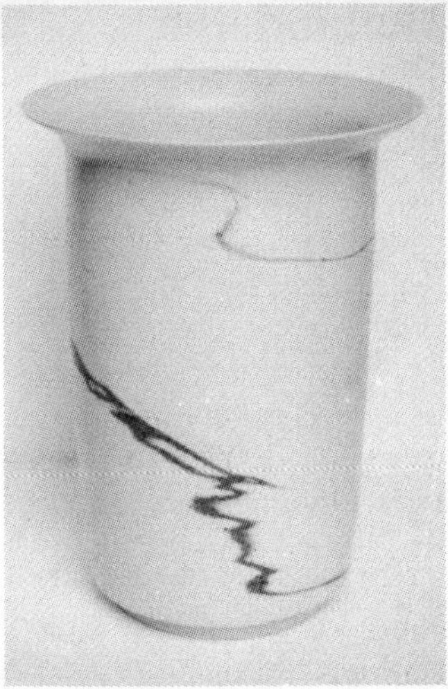

Kumme von Rainer Doss; Porzellan mit eingefärbten Massen (Foto-Studio Baumann)

Marmorierung

Marmoreffekte auf Keramik sind eine beliebte und auch von der Industrie gepflegte Art der Oberflächengestaltung.

Gedrehte Keramik

Verschiedenfarbige Tone leicht aufeinandergeschlagen ergeben beim Hochziehen der Form auf der Drehscheibe ganz willkürliche, nicht wiederholbar typische Marmoreffekte. Da meist sehr naß gearbeitet wird, ist die Marmorierung zunächst nicht deutlich sichtbar. Erst nach dem Abdrehen im lederharten Zustand kommt sie voll zur Geltung.
Dickwandig gedrehte, marmorierte Gefäße erhalten durch Kannelieren oder Facettieren einen besonderen Reiz.

S. 81 unten
Rosenthal Kaffeeservice »Queensberry Marble« von Ursula und Karl Scheid

Lampenfuß aus schwarz-weißem Marmorton, transparent, grün glasiert, Elektrobrand bei 1080° C

Lampenfuß aus schwarz-weißem Marmorton, unglasiert, Elektrobrand bei 1080° C

Aufbautechnik

Auch ohne Drehscheibe kann marmoriert getöpfert werden. Als Aufbautechnik eignet sich die Plattentechnik mit der Kuchenrolle am besten. Auch hier wird das Muster durch Abziehen einer dünnen Schicht in lederhartem Zustand verstärkt.

Je weniger dominant glasiert wird, desto rustikaler sieht es aus.
Auch die Teildekoration von Keramik mit unglasierten marmorierten Flächen eröffnet ein großes gestalterisches Feld.

Achteckige Schale von Denise Waech
Kurs Meierhof

Fladerung

Techniken, mit denen man Muster aus verschiedenfarbigen Massen erhält, die sich von innen her durch die Wandung hindurch fortsetzen, haben viele Bezeichnungen. Wo im einzelnen Abgrenzungen vorgenommen werden, ist schwer auszumachen. Vom japanischen *Neriage* bis hin zum französischen *Marqueterie* reichen die Begriffe. Ich fasse alle diese Spielarten unter der Überschrift »Fladerung« zusammen.
Ich beschränke mich ausschließlich auf die Aufbautechnik.

Baumkuchenmuster

Eine viereckige Schale, wie sie in der japanischen Keramik häufig vorkommt, soll im Baumkuchenmuster gefladert werden.
Lange, maximal 2 cm dicke Streifen aus verschiedenfarbigen Tonen werden - luftblasenfrei übereinanderliegend - aufgerollt. Anschließend werden über Führungsleisten gleich dicke Streifen abgeschnitten.
Der viereckige Metalldeckel einer Keksdose wird mit einem dünnen Tuch oder einer Folie ausgelegt, damit der Ton nicht festklebt.
Nun werden die einzelnen »Baumkuchenscheiben« gegen den

Rand allseitig mit Druck gut verbunden, bis die ganze Form ausgefüllt ist. Durch Befeuchten, Aufrauhen und gründliches Verstreichen »verschwindet« das Muster zunächst.
Am besten ist, beide Seiten gut durchzuarbeiten; bei gefladerter Keramik besteht in erhöhtem Maße die Gefahr der Rißbildung, die immer auf eine unzureichende Verbindung der einzelnen Elemente zurückzuführen ist.
Im noch feuchten Zustand wird der viereckige Teller über einen Ball gearbeitet, und es wird ihm, auf der Form liegend, ein Fuß aufgesetzt.
Ist der Scherben lederhart, wird mit einem scharfen Gegenstand die Oberfläche beidseitig abgezogen. Dadurch wird der Teller dünner, und das Muster tritt strahlend hervor. Zur Perfektion neigende Töpfer können mit Sandpapier den »letzten Schliff« geben.

Schachbrettmuster

Vase aus 2 Halbkugeln mit einem Band in Schachbrettmuster. Lange, verschiedenfarbige Tonwülste mit einem Durchmesser von mindestens 1,5 cm werden mit Leisten viereckig »geschlagen«. Dann werden immer im Wechsel ein schwarzes und ein weißes Band aneinandergelegt. In der 2. Schicht liegen die Kontrastfarben aufeinander, und das wiederholt sich, bis wir einen massiven Würfel mit einem gut verbundenen Schachbrettmuster haben.
Über Führungsleisten werden wieder gleich starke Scheiben abgeschnitten und die einzelnen Elemente wie beim Baumkuchenmuster sorgfältig verarbeitet.
2 über Bällen hergestellte Halbkugeln oder Daumendruckschalen werden mit dem Schachbrettstreifen in der Mitte verbunden. Im lederharten Zustand bringt die Abziehklinge oder das Schleifpapier das Dekor an den Tag.

Streifenmuster

Verschiedenfarbige Tonstreifen werden nach bekannter Methode in einen großen runden Deckel eingearbeitet. Anschließend bindet man ein stabiles großes Leinentuch über die Öffnung eines Plastikeimers. Mit der Hand wird es leicht nach unten in den Eimer gedrückt.
Der aus Streifen zusammengesetzte Tonfladen wird nun auf das Tuch gelegt und langsam, mit behutsamem Druck, im Eimer »versenkt«, bis nur noch der Rand herausschaut. Der Tonfladen liegt stramm auf dem Tuch und wird von ihm gehalten. Das Tuch muß deshalb bedeutend größer als die Öffnung des Behälters sein. Auf diese Art entsteht eine Schüssel, deren Rand nur noch mit dem Messer begradigt werden muß – oder kann.
Die Schüssel trocknet »im Eimer«, bis sie lederhart ist. Ein kurzer Zug am Leinentuch, und die Form ist mühelos herauszunehmen. Auf der Öffnung liegend wird ihr ein Fuß angearbeitet und die Oberfläche abgezogen.

»Tigerschüssel«

Schale von Denise Waech, Kurs Meierhof

Kugelmuster

Gleich lange, verschieden dicke Tonwülste werden dicht aneinandergelegt und zusammengerollt, damit keine Luft eingeschlossen bleibt. Die gleich dicken Scheiben des Kugelmusters werden in die Form eines Quadrats gebracht.

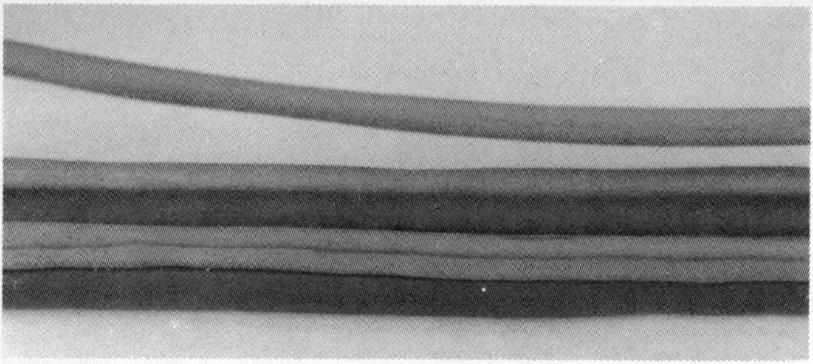

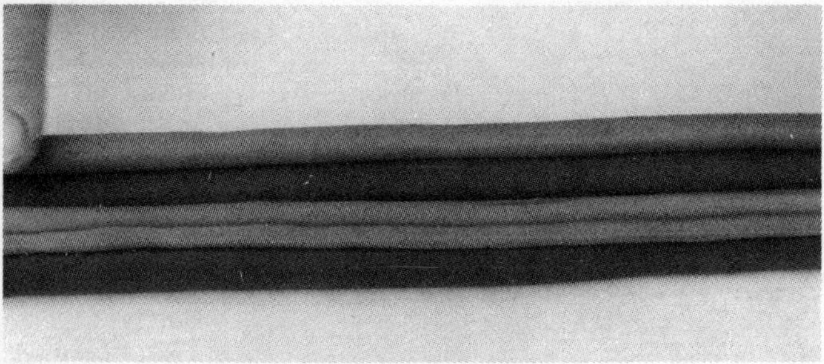

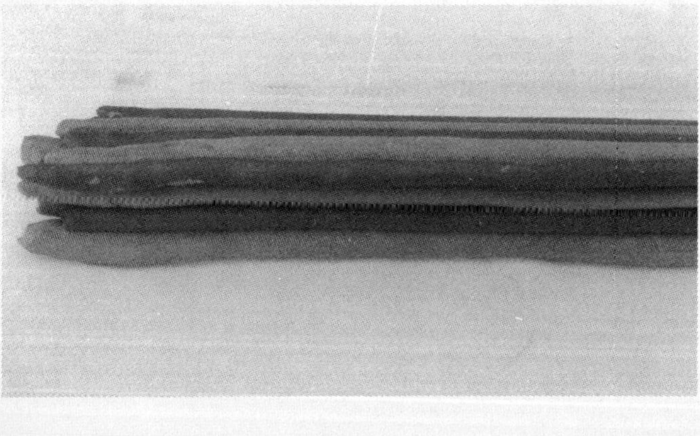

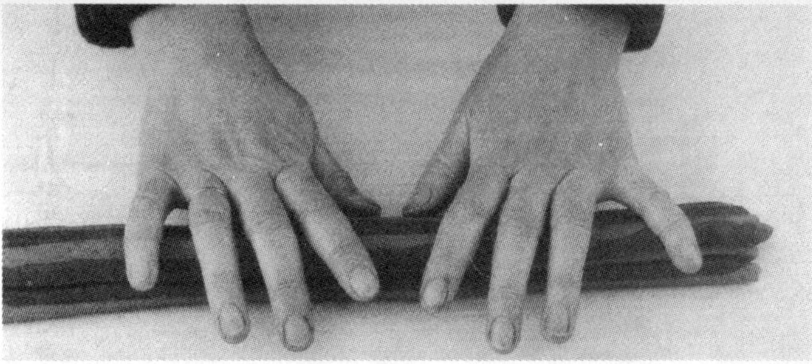

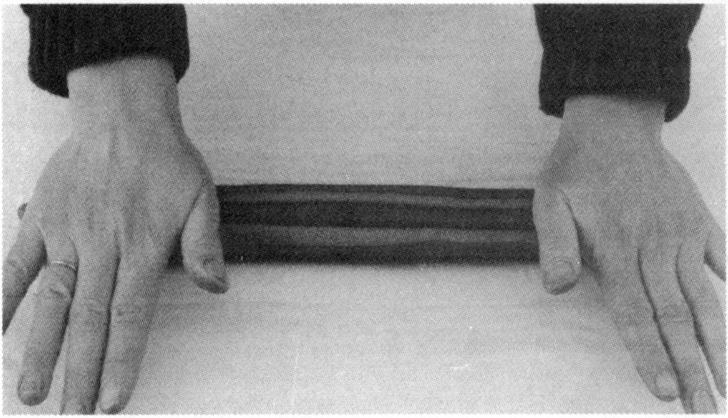

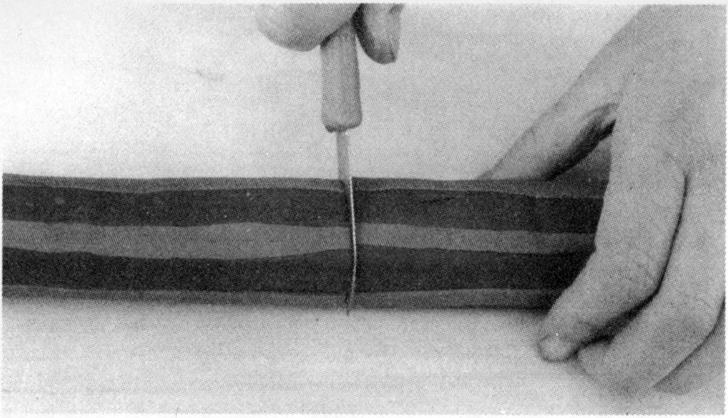

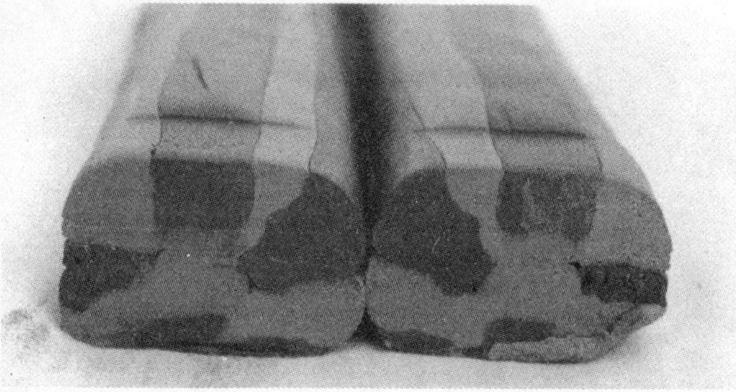

Damit immer die gleiche Stärke gewährleistet ist, arbeitet man am besten mit einer Holzschiene

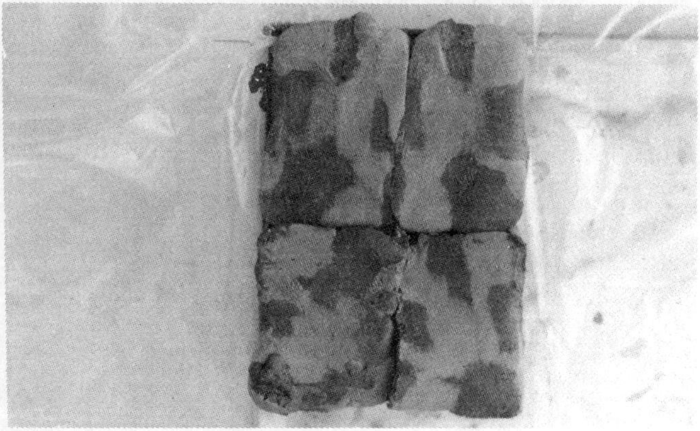

In einen viereckigen Metalldeckel wird eine dünne Plastikfolie eingelegt, und die »Elemente« werden darauf kräftig zusammengearbeitet

Im lederharten Zustand erhält man durch ein sanftes »Fallenlassen« auf den Tisch die notwendige Standfläche. Mit dem Abschaben beider Seiten ist die Schale bereits fertig.

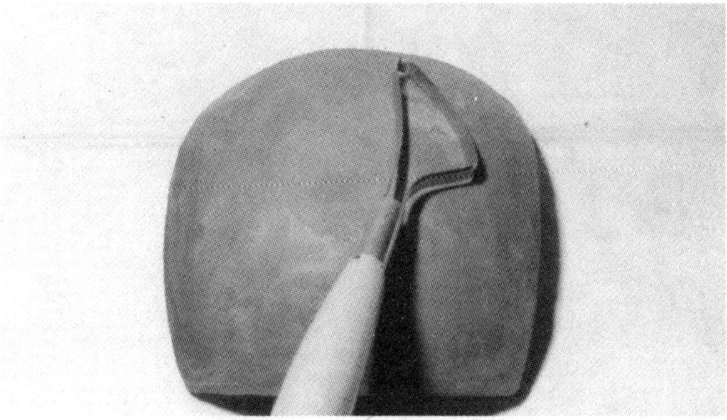

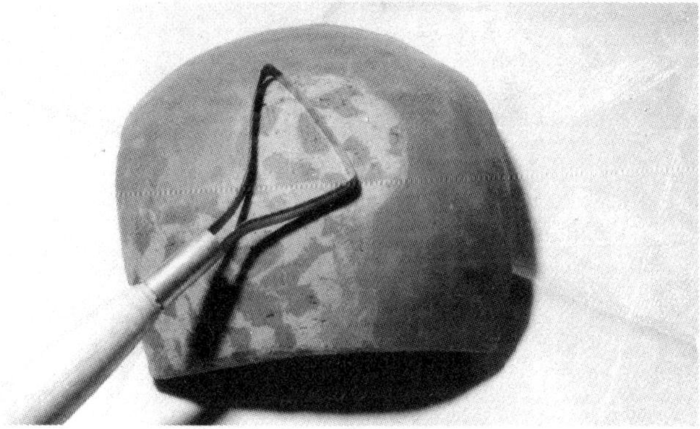

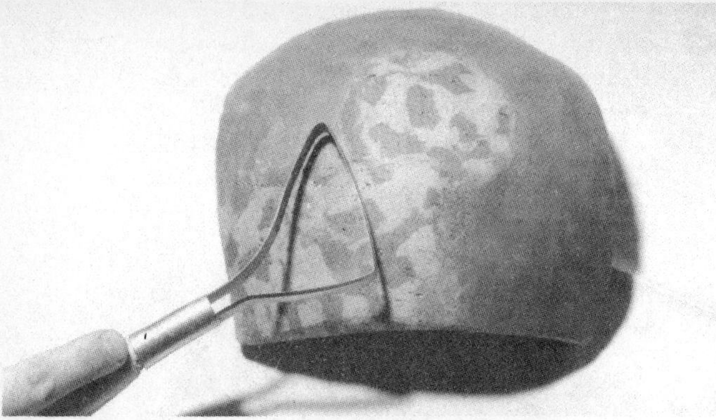

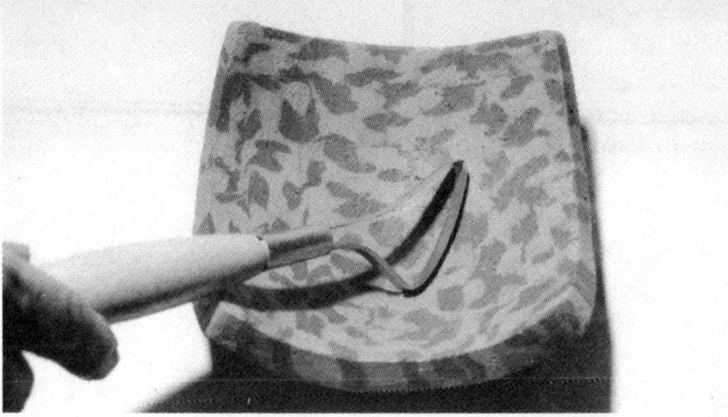

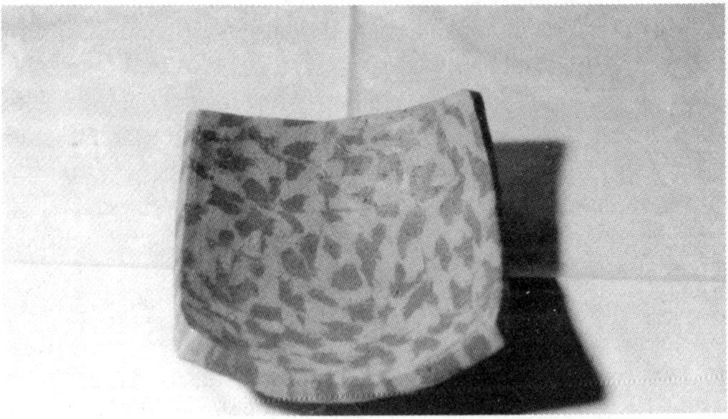

Sollen größere Flächen mit Sandpapier glattgeschliffen werden, dann führt man die Arbeit besser im Freien durch. Wenn dies nicht möglich ist, sollte ein Mund- und Atemschutz angelegt werden. Tonstaub wirkt sich in der Lunge nicht gerade gesundheitsfördernd aus. Auf Dauer führt er zur typischen Berufskrankheit der Töpfer - zur Staublunge.
In Kursen ist es am sinnvollsten, das Abschleifen gar nicht zu gestatten. Aus dem gleichen Grund sollte in Kurs- und Töpferräumen auch nicht gefegt, sondern gestaubsaugt und/oder der Boden naß gereinigt werden.

Variationen

In den 4 Beispielen zum Thema Fladerung wurden mit je einer anderen Aufbautechnik unterschiedliche Muster vorgestellt. Zum einen wären noch viele andere Muster, wie z. B. Spiralen, Hahnentritt, Nadelstreifen, möglich, und zum anderen muß auch nicht immer nur ein einziges Muster zur Anwendung kommen. Kombinationen von unterschiedlich gefladerten Flächen ergeben wahre Kunstwerke der Oberflächengestaltung, die der Malerei sehr nahekommen.
Es ist auch nicht unbedingt erforderlich, wie bereits beim Schachbrettmuster demonstriert, immer das ganze Werkstück zu fladern. Teilflächen in dieser Technik setzen erfrischende Akzente. Japanische viereckige Flaschen haben z. B. häufig nur eine gefladerte Seite.

Viereckige Schale schwarz-weiß gefladert, Kurs Meierhof

Sgraffito

Dies ist die Wachsmalerei der Keramik. Wie beim Anlegen eines Bildes mit Wachsfarbstiften werden auch auf dem Scherben zunächst ganze Farbschichten aufeinandergelegt.

> Meyers Enzyklopädisches Lexikon führt unter dem Stichwort »Sgraffito« aus: »(italien.), Kratzputz, Wanddekoration, bei der die oberste Putzschicht z. T. entfernt wird. Auf den Rauhputz wird der Kratzputz aufgetragen, darauf die dünnere Kratzschicht. Bevor diese ganz hart geworden ist, wird die gewünschte Darstellung oder ein Muster herausgekratzt. Meist ist der Kratzgrund gefärbt und die Kratzschicht ungefärbt, so daß ein dunkles Muster auf hellem Grund erscheint. An norditalien. Renaissancebauten war S. besonders beliebt, in der Folge auch in Böhmen, Schlesien und Sachsen. Das 19. Jh. belebte diese Technik wieder. –
> Auch eine Verzierungsart in der Tonwarenherstellung wird als S. bezeichnet: Aus einer aufgetragenen farbigen Schicht wird ein Muster herausgekratzt.«

Ein lederharter Scherben wird mit Schlicker, Engobe oder Glasur völlig zugedeckt. Nachdem der »Beguß« angetrocknet ist, werden mit scharfkantigem Gerät Linien, Flächen oder Punkte herausgekratzt. An diesen Stellen wird der Scherben wieder sichtbar.

Kein Geringerer als der große französische Maler Miró hat auf seinen Keramiken vorzugsweise die Sgraffitotechnik eingesetzt.
Berühmt sind seine Bauernkummen aus schwarzem Ton, die mit weißem Schlicker begossen wurden. Mit dünnen Sgraffitolinien zeichnete er seine typischen »Strichmännchen« in die Oberfläche. Die Leichtigkeit dieser Gefäße wird durch die »skizzenartigen« schwarzen Linien in der weißen Fläche unterstrichen.
Am Beispiel eines Lampenschirms, über einem Wasserball gearbeitet, will ich diese Technik demonstrieren.
Da der Lampendurchmesser mindestens 50 cm betragen soll, wähle ich 50 % schamottierten englischen Rakuton, der hell lederfarben brennt.
Nach dem Ausrollen, Durchmassieren und Ränderverstärken wird die Tonplatte über einen großen Wasserball gelegt. Damit sie sich faltenfrei der Unterlage anpaßt, werden Dreiecke ausgeschnitten und die Schnittkanten wieder geschlossen. Die Öffnung für die Lampenfassung wird gearbeitet, und 3 Henkel werden angesetzt.

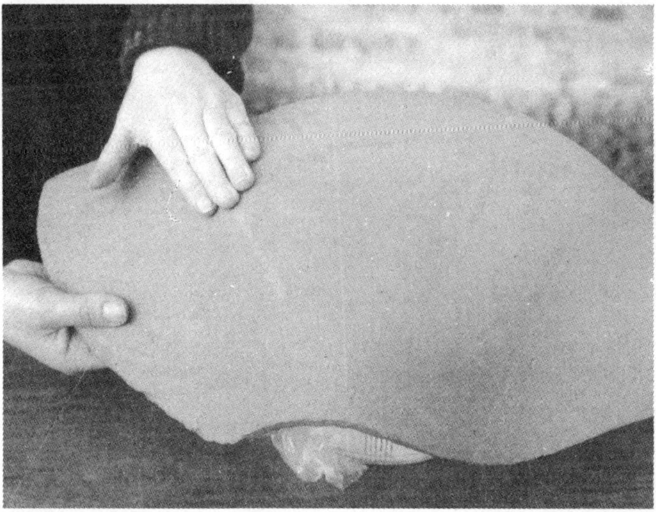

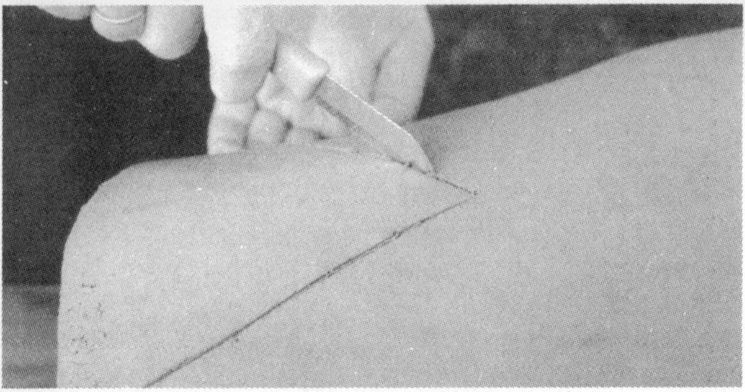

Große Dreiecke müssen ausgeschnitten werden

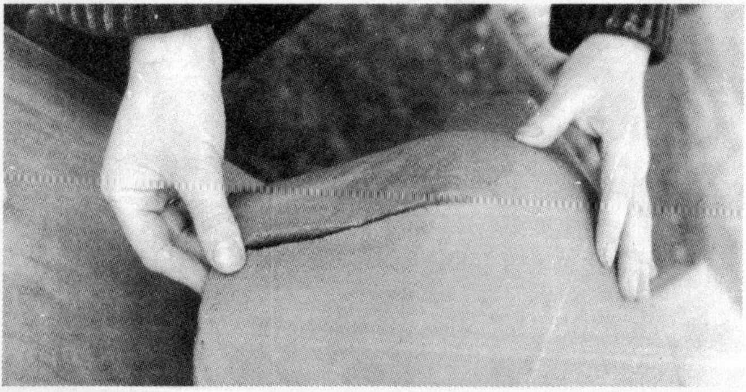

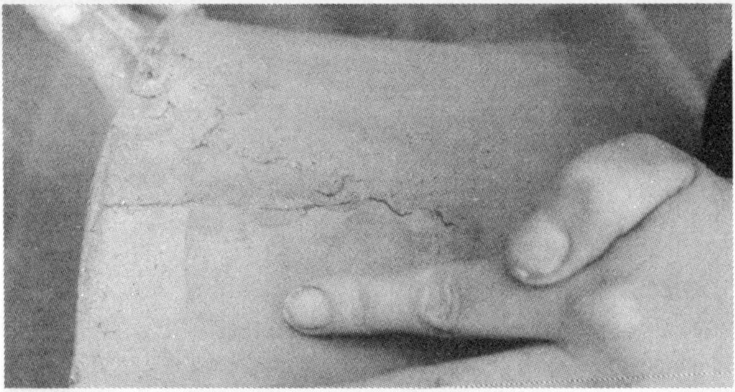

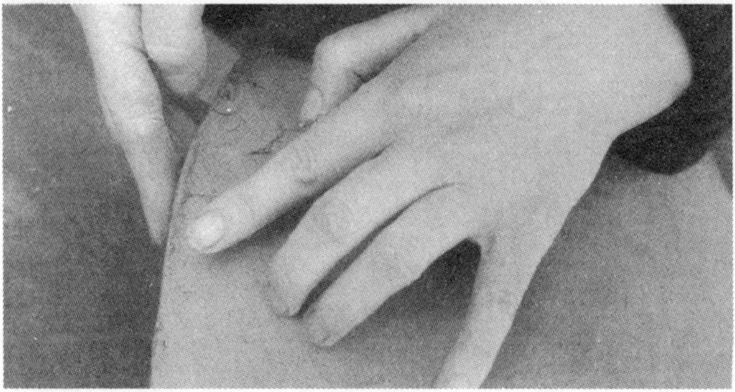

Die Schnittfläche wird anschließend gut verschlossen

Vier solcher Dreiecke müssen ausgeschnitten werden

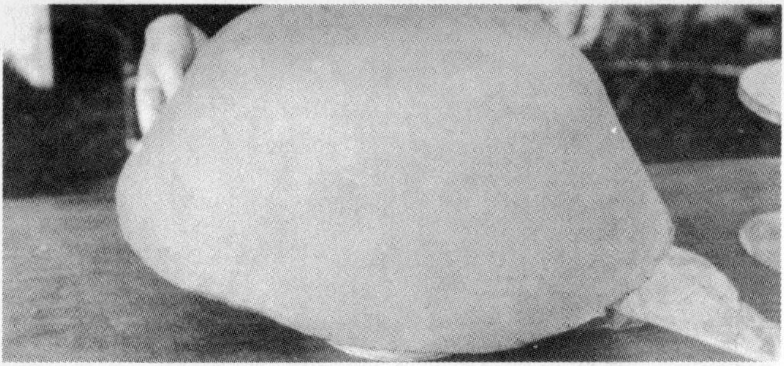

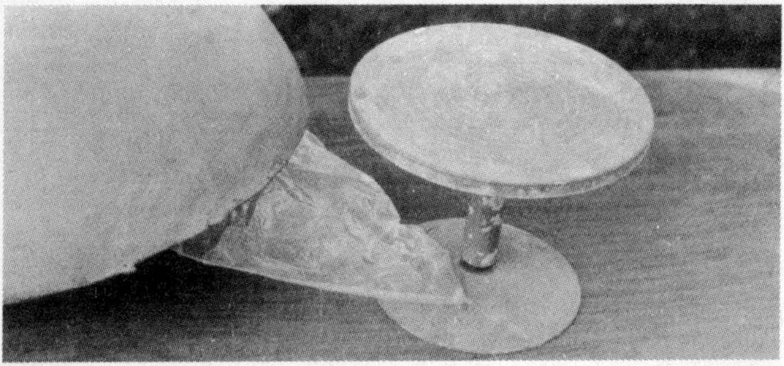

Damit ein gerader Rand hergestellt werden kann, stellt man den »Rohbau« auf eine Tischränderscheibe

Während die Scheibe sich dreht, zieht man mit einer Stricknadel eine gerade Linie

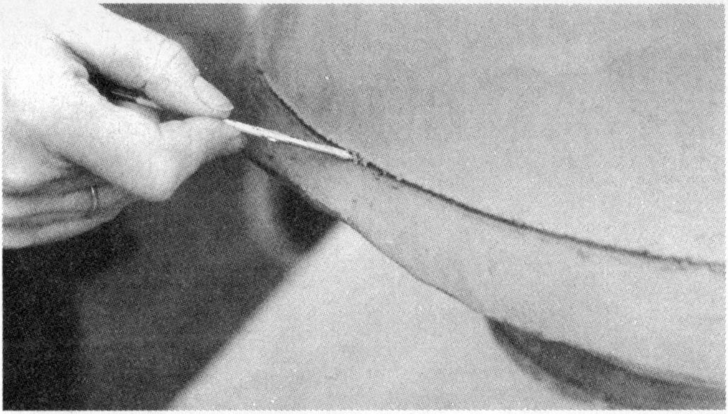

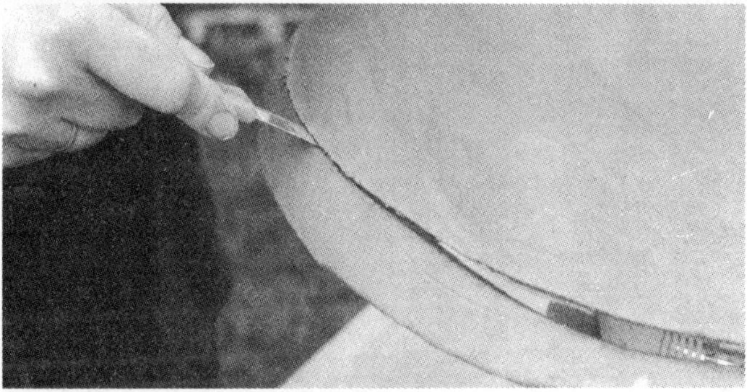

Danach wird mit einem Messer abgetrennt

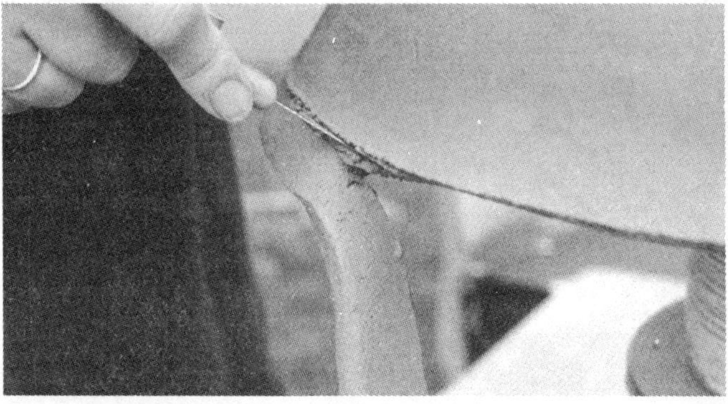

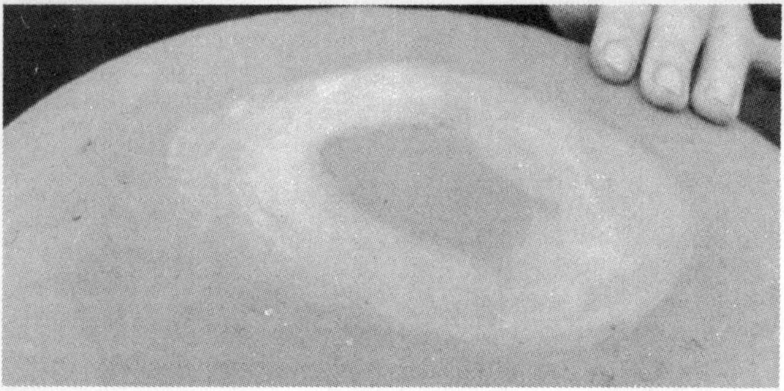

Die Ansatzfläche wird angefeuchtet . . .

. . . und aufgerauht

Die Öffnung wird langsam zum Ring geschlossen

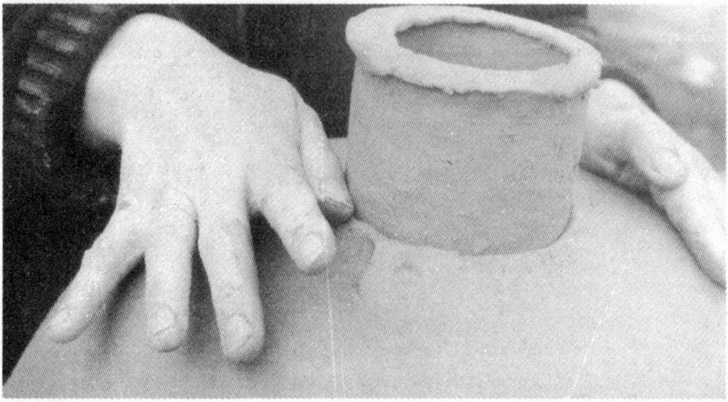

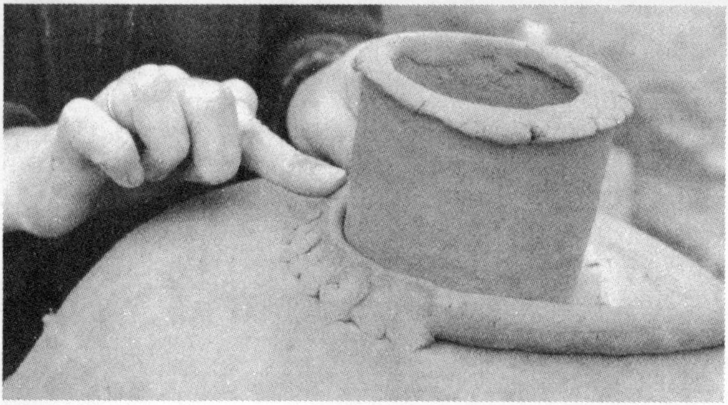

. . . und fest angearbeitet

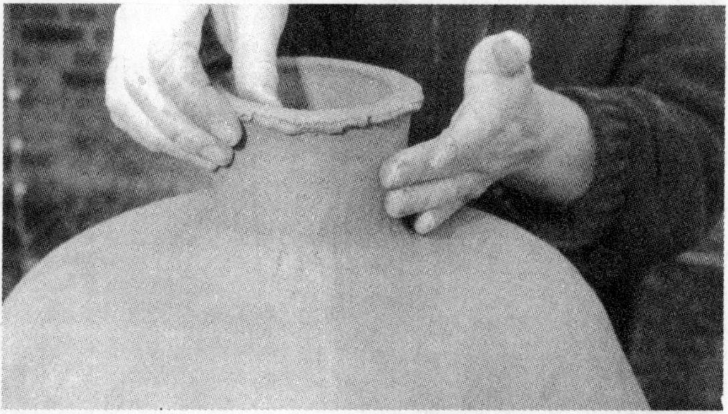

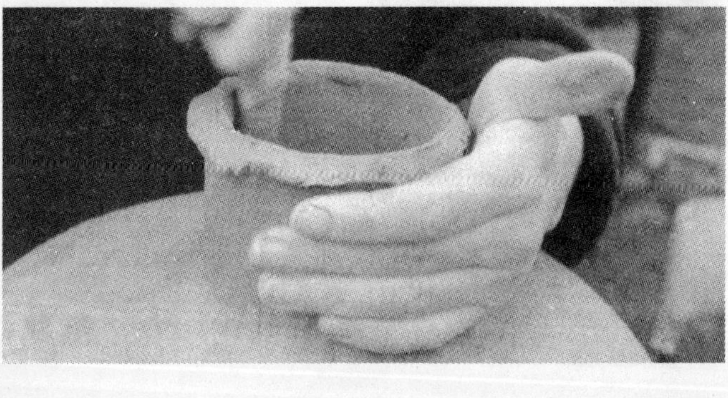

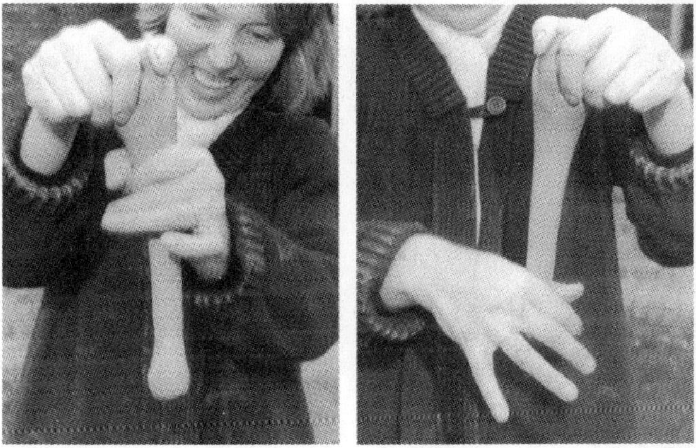

Danach werden die Henkel gemolken ...

... *und angearbeitet*

Die Öffnung für die Lampenschnur wird ausgestochen

Im lederharten Zustand wird dann brauner Schlicker aufgetragen. Ist er angetrocknet, skizziert man das Sgraffitomuster hinein und kratzt den Schlicker aus der Oberfläche so tief wieder heraus, daß der Scherben durchscheint. Der Lampenschirm wird bei 1200° C gebrannt. Die helle, allerdings rustikale Innenfläche reflektiert das Licht gut, und der braune Beguß hat einen leichten Glanz, weil er gesintert ist.
Im Kontrast zum Seidenglanz der Oberfläche entfalten die hellen, rauhen Linien des schamottierten Rakutons die schlichte Schönheit des Sgraffito.

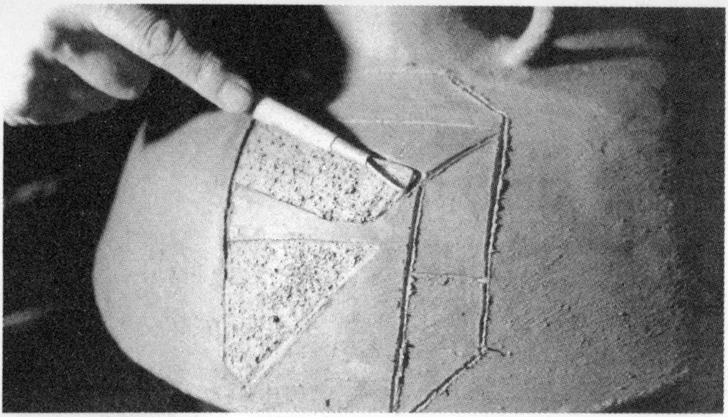

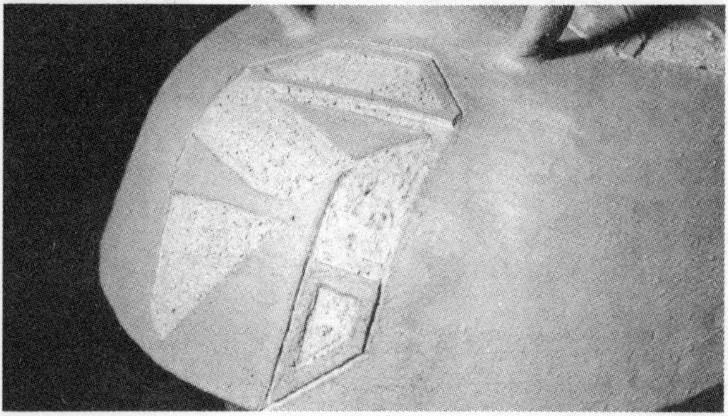

Wie bei der Wachsmalerei können auch hier mehrere Schichten übereinander aufgetragen werden. Jedoch muß das Ganze jedesmal lederhart sein, bevor der neue Beguß erfolgen kann. Durch Ritzen in unterschiedliche Tiefen können dann verschiedene Farben zur Geltung gebracht werden, die darüber hinaus recht plastisch wirken.

Inkrustierungen

Inkrustierungen aus Ton

Der neuseeländische Töpfer Len Castle bedient sich ganz ungewöhnlicher Methoden, um rustikale Oberflächen zu erzielen. Seine Arbeiten zeichnen sich durch einen spannungsvollen Zweiklang aus. Einerseits stellt er Gefäße her, die den traditionellen Formgesetzen gehorchen, andererseits fertigt er kunstvolle Keramikobjekte, die den Normenbereich völlig ablehnen. Dabei bedient er sich Techniken, die aus der Freude am Experimentieren entstanden sind und schlicht als unorthodox bezeichnet werden müssen. So arbeitet er z.B. ausgetrockneten Ton in frischen, verarbeitungsfertigen ein und erzielt damit Oberflächeneffekte, die seine Arbeiten wirkungsvoll unterstreichen. Er vermischt auch Tone unterschiedlicher Farbe und Körnung.
Besuche im nahegelegenen Japan mögen den Neuseeländer inspiriert haben. Dort werden in einigen Provinzen von alters her Stücke von trockenem »Tonabfall« in die Oberfläche noch feuchter, gerade gedrehter Teeschalen gepreßt.
Damit trockene Abdrehspäne und andere Abfälle im weichen Ton haften bleiben, taucht man sie am besten vorher in Wasser.

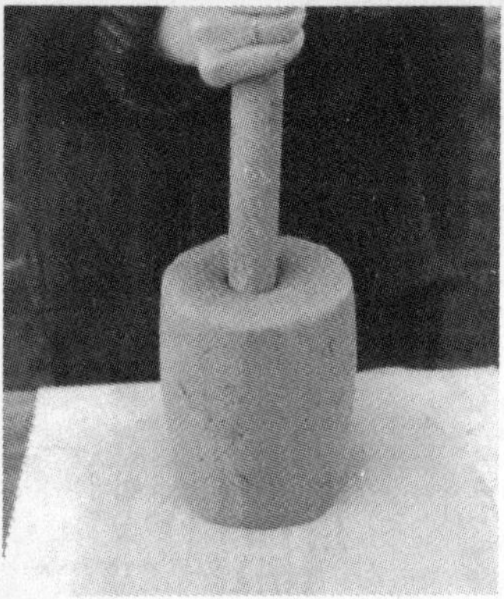 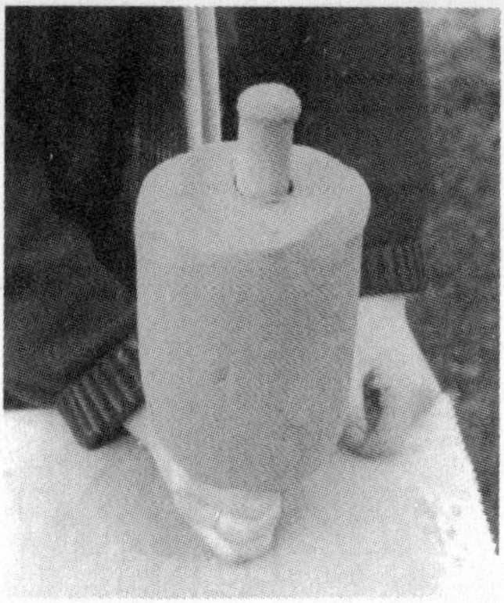

Ein massiver, gut durchgearbeiteter Tonbatzen wird mit einem Rundholz durchbohrt

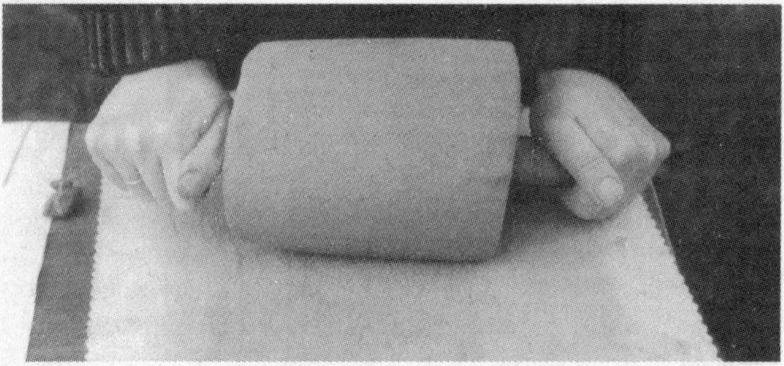

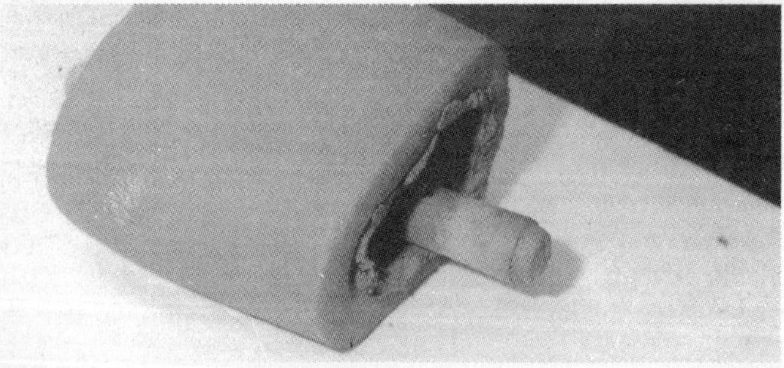

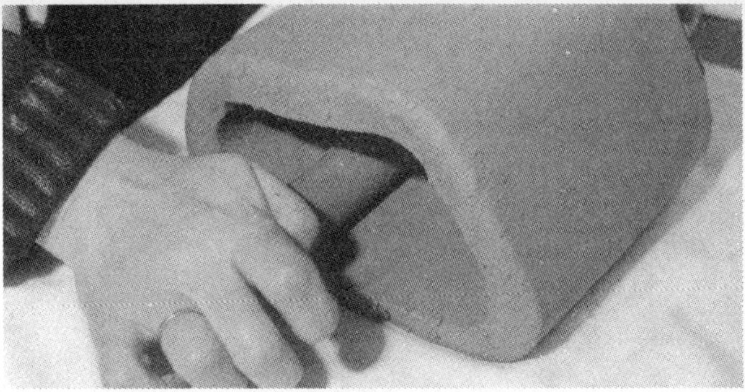

Durch Ausrollen wird die Öffnung immer größer und die Wandung immer dünner

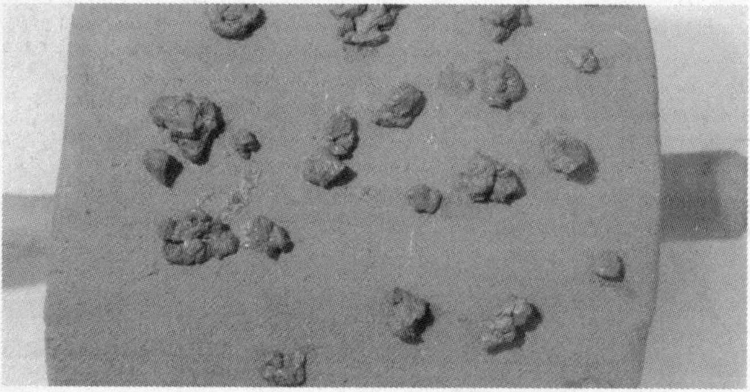

Kurz eingefeuchtete Tonreste werden auf der »Außenfläche« verteilt . . .

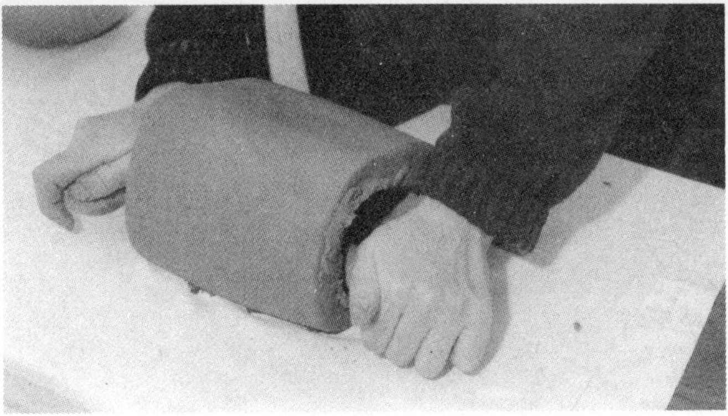

. . . und eingerollt

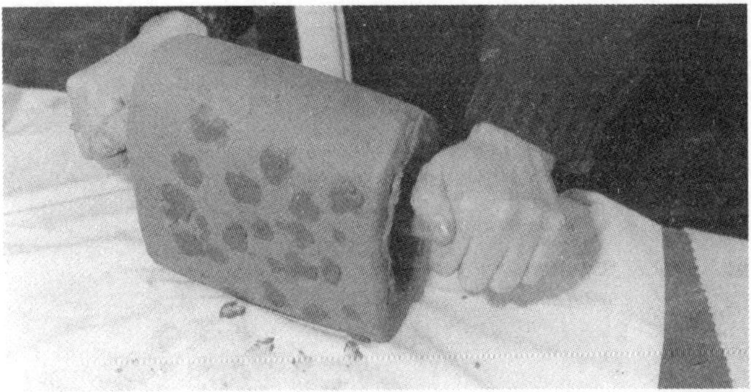

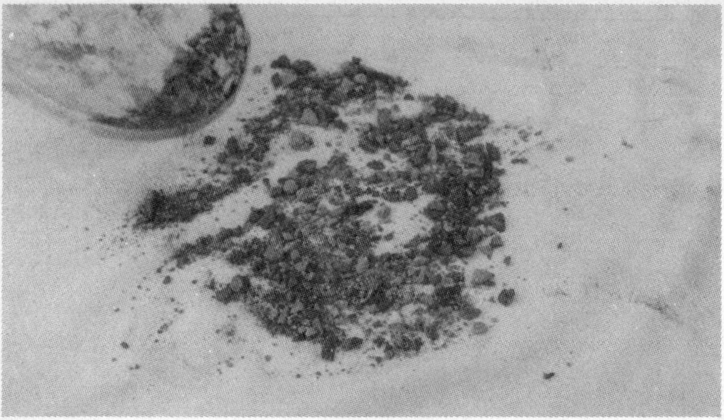

Schöner wird die Inkrustierung allerdings mit trockenen Abfällen

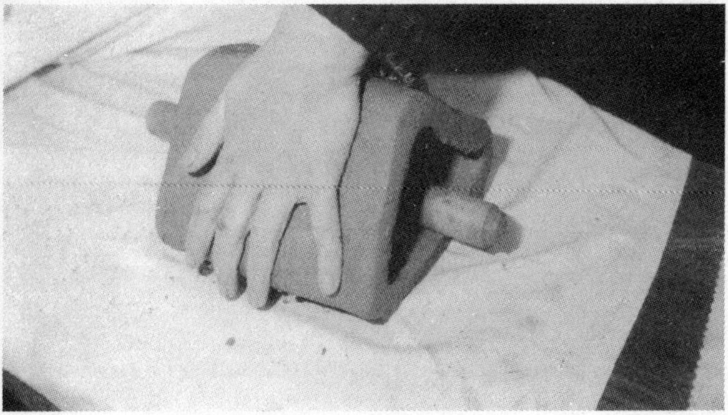

Da die trockenen Tonreste nicht so gut haften, ist ein nachträgliches Einklopfen ratsam

In gedrehte Gefäße klopft man Tonreste am einfachsten ein, indem sie vorher ebenfalls kurz angefeuchtet werden. Gedrehte Objekte können aber auch in eine mit Abdrehspänen ausgelegte Form gesenkt werden. Nach dem Trocknen können sie leicht herausgenommen werden und offenbaren dann ihr Dekor.

Rundkumme von Heidi Kippenberg (1974); heller Steinzeugton gedreht mit Tonspänen strukturiert; Reduktionsbrand bei 1300° C im Elektroofen (Foto Landesbildstelle Rheinland, Düsseldorf)

Eine sehr edle und dennoch rustikale Art der Inkrustierung nutzt die unterschiedliche Brenntemperatur der verschiedenen Massen aus.
Porzellan kann am höchsten »gefeuert« werden. In gedrehte Formen aus dem »weißen Gold« inkrustiert man schwarzen Ton. Bei hohen Brenntemperaturen quillt er blasig, wie vulkanisches Magma, aus der glatten Oberfläche hervor.

Inkrustierungen aus anderen Materialien

Eine ähnliche Wirkung wie schwarzer Ton, der in Porzellanmasse hoch gebrannt wurde, hat die Inkrustierung von Kupferdraht. Das Metall »verkocht« schon bei niedrigen Temperaturen. Bei einer weiteren reizvollen Variante der Inkrustierungstechnik wird grober Stein und Sand in die Oberfläche von weichem Ton gesenkt.
Die finnische Töpferin Birgit Dyhr-Löfstrand wälzt massiv aufgebaute Tiere in grob zerstoßenen Granitsteinen.

Schwarzer vulkanischer Sand schmilzt bei 1200° C zu einer rustikalen dunkelbraunen Glasur, auf der man die Sandkörner noch erkennen kann.

Reliefs, »Erdschichten«, Dora Heyenn

Weißer Meeressand und braungelber Flußsand schmelzen im Keramikbrennofen nicht. Werden solche Sande in kontrastfarbenen Ton inkrustiert, ergeben sich rauhe, wirkungsvolle Oberflächen.

Vase, Kurs Meierhof

Gröbere Steine, die beim Brand teilweise bersten, sind gut geeignet für rustikale Reliefs.

Reliefs, Kurs Meierhof

Tendenzen in der modernen Keramik

Die Jahre um 1960 gehören zu den spannendsten innerhalb der Keramikgeschichte Europas. Ausgelöst wurde die Tendenz vom guten Handwerker, der Gebrauchskeramik herstellte bis hin zum »Studiotöpfer« Bernard Leach. Dieser englische Töpfer lebte lange Zeit in Japan. Der Einfluß dieser Kultur und langen keramischen Tradition war sehr prägend. Durch die anschließenden Veröffentlichungen von Bernard Leach, seiner Lehrtätigkeit und seinem Einfluß auf andere Schulen und Hochschulen entstand die Idee der »Studio-Töpferei«, die nicht mehr vorwiegend Seriengeschirr produzierte, sondern ihr Hauptaugenmerk auf »Unikate« legte, Einzelstücke mit der unverwechselbaren Handschrift des Keramikers. Handwerklich einwandfreie und qualitativ hochwertige Arbeit bleibt bis heute ein Hauptkriterium für gute Keramik. Diese Aufbruchstimmung und Experimentierfreudigkeit kennzeichneten auch die 70er Jahre. Geprägt ist die Zeitspanne von gedrehter Keramik und auserwählten Glasuren. Die Glasuren wurden irgendwann so kunstvoll und dominant, daß bissige Zeitgenossen vom »Glasuren-Fetischismus« sprachen.
In der Zwischenzeit hat sich in der europäischen Keramik wieder einiges getan. Augenfällig ist die Tendenz
- weg vom gedrehten Gefäß

- weg von hoch entwickelten, strukturierten, kristallinen Glasuren
- weg von Maltechniken.

»Andere Techniken zur Bildung des plastischen Körpers, die mehr Freiheit erlauben, stehen weit im Vordergrund; die Gefäße sind aus Wülsten oder aus Platten aufgebaut bzw. aus gedrehten und zerschnittenen Elementen zusammengesetzt. Aber nicht nur die Kunst des Drehens erscheint wenig gesucht; auch in der Anwendung von bewährten Mitteln zur Veredlung der Gefäß-Oberfläche wird große Zurückhaltung geübt. Glasuren, die den plastischen Körper in Glanz und Farbe tauchen, kommen nur wenig vor; bevorzugt werden Glasflüsse, die matt und mild mit der rauhen Struktur des Scherbens spielen, einen flach geschnittenen Reliefdekor in seichten und in tieferen Flußstellen schattierend nachzeichnen oder mit dem Flußmittel eines sparsam aufgetragenen Oxids sich verbindend einen Lichtakzent setzen. Dekor wird hier in einfachster, raffiniertester Beschränkung geübt; auf die vielfältigen Möglichkeiten, die verschiedene Maltechniken bieten würden, wird weitgehend verzichtet.« Bei den frei gestalteten plastischen Arbeiten sind Werke aus rohem, verschieden farbigem und verschieden strukturiertem Ton ohne jeden glanzbringenden Glasurzusatz weit in der Mehrzahl. »Man leistet auf alle Veredlungstechniken und Glanzeffekte Verzicht, konzentriert sich ganz auf das scheinbar Naheliegendste und Einfachste, auf die Exploration der unendlichen Möglichkeiten, die das plastische Material in seinen verschiedenen Zuständen bietet, von naß bis trocken, von glatt bis gerauht, körnig, rissig oder schrundig, von schwarz bis weiß mit allen Zwischentönen des Spektrums der gebrannten Erdfarben. Diese enthaltsame Richtung wird vor allem von den jüngeren Keramikern vertreten.«

»Der nackte Ton, dieser für jeden Eindruck empfängliche, sensibelste ›Seelenstoff‹, wird in seinem ganzen Reichtum, seiner Schönheit und Verletzlichkeit, seiner Strenge und milden Nachgiebigkeit ausgekundschaftet, dient nicht nur als Trägerstoff für ein besseres Kleid, sondern ist selbst Ausdrucksträger.«

Anders ausgedrückt, die Masse in ihrer schlichten irdenen

Schönheit kommt, hervorgelockt durch Feuer und Brennführung, zur vollen Geltung. Das ist für manche, die an ausdrucksstarke Glasurflüsse gewöhnt sind, äußerst verblüffend, aber angenehm.

Gleichzeitig werden die Grenzen des Materials ausprobiert.

Die Bandbreite, in der sich heute zeitgenössische Keramik präsentiert, ist wesentlich erweitert worden. Die Vielseitigkeit und die Spontaneität der Formgebung sowie der Reichtum an verschiedenen Oberflächengestaltungen macht die Keramik heute einfach attraktiver und interessanter. Die persönliche Handschrift der einzelnen Künstler, die ganz konsequent ihren Stil verfolgen, ist individueller geworden.

Auch von daher, die Keramik-Kursbücher 1, 2 und 3 liegen voll im Trend.

Zitate aus dem Katalog »Europäische Keramik der Gegenwart« von Rudolf Schnyder, Präsident der Internationalen Akademie für Keramik, Genf, anläßlich der Ausstellung im Keramion in Frechen, 1986.